청소년이 꼭 알아야 할

# 다가온 미래
## 새로운 직업

메타버스

빅데이터

로봇

인공지능 AI

우주

환경문제

기후변화

교육혁명

디지털화폐

생명공학

스마트 헬스케어

미래식량

인구감소

**저자** 한국고용정보원 미래직업연구팀

이 랑 · 최영순 · 박상현 · 김동규 · 최화영 · 이은수 · 윤미희

DR

DREAM RICH

차례

## 미래 & 과학

# 우리 앞에 펼쳐질 미래, 그리고 직업

## 우린 어떤 미래에 살게 될까?

2000년 새로운 밀레니엄이 열리던 해, 사람들은 과학기술이 눈부시게
발전한 미래가 금방 펼쳐질 것처럼 기대했다. 2020년 정도면 자동차가
하늘을 날고, 로봇이 집집마다 집사처럼 있는 모습을 상상하기도 했다.
하지만 그런 날은 오지 않았다. 오히려 2020년은 코로나 팬데믹이 시작된
원년으로 역사에 기록되었다. 예상은 빗나갔고, 사람들은 몇 개월 앞의
사회활동도 예측하기 힘들었다. 하지만 아이러니하게도 외부환경과
접촉이 차단되면서 디지털 영역이 크게 확대되었다. 미래를 향한 변화가
집약된 속도로 나타나고, 미래가 우리 곁으로 성큼 다가오는 계기가
되었다.

현재 우리는 미래사회로 직행하는 통로에 서 있다고 해도 과언이
아니다. 온라인 원격수업, 메타버스 졸업식, 재택근무, 가상화폐 투자,
가상인물 광고, 드론택배, 자율주행차 등 '미래'를 상징하는 변화가
낯설지 않고, 더 빨라진 변화속도를 체감하는 중이다. 전 인류가 디지털
네트워크를 통해 긴밀하게 연결되고 있으며, 세계 곳곳 다양한 산업에서
새로운 과학기술이 연구·개발되고 있다. 이런 속도라면 2030년쯤엔
진짜 SF영화 같은 세상이 펼쳐질까? 메타버스가 현실을 압도하고,
디지털 화폐가 당연하며, 우주여행이 흔한 세상을 경험할 수 있을까?
만약 그 사이 우리가 예측하지 못한 변수가 또 나타나면 우린 어떤
세상을 살게 될까?

## 걱정 대신 호기심으로 미래를 준비해

인류가 코로나 변수를 예측하지 못했던 것처럼, 미래는 예측한 대로 흘러가지 않을 수 있다. 그래서 변화에 관심을 두는 태도가 필요하다. 특히, 청소년은 성인이 되어 살아갈 미래에 더 주목해야 한다. 사회변화와 과학기술의 발전은 일상뿐 아니라, 진로와 직업, 일자리, 일터의 변화와 밀접한 관련이 있기 때문이다. 많은 청소년이 미래에는 로봇과 인공지능 기술이 발전하면서 일자리가 사라질까봐 걱정하지만, 실제 청소년이 관심 가져야 할 유망산업 분야에서는 새로운 일자리가 더 많이 생겨날 것이다. 단순 업무가 많은 직업은 로봇이나 기계가 대체하겠지만, 바이오, 헬스케어, 콘텐츠 같은 유망산업에서는 새로운 일자리와 창업 기회가 크게 늘어나는 것이다

앞으로 미래의 직업세계는 어떻게 변할까? 크게 세 가지를 살펴보면, 첫째, 로봇 도입이나 자동화로 기존 직업들이 마구 사라지진 않을 것이다. 단순업무가 크게 줄어도 직업 자체가 사라진다기보다는 일하는 방식이 변하는 형태가 될 것이다. 택배드론이 도입된다고 택배원이 없어지거나 로봇의사가 나온다고 의사가 사라지는 게 아닌 것처럼, 일터에 로봇이나 기계가 도입되면 다양한 활용방법과 협업능력이 중요해진다. 둘째, 유망산업 분야에서는 새로운 직무와 일자리가 증가한다. 디지털 기술 분야를 비롯해 데이터, 바이오, 콘텐츠, 소프트웨어 등의 유망산업에서는 더 많은 일자리 증가가 예상된다.

직무는 더 세분화·전문화되고 다른 산업과 융합하는 사례도 많아진다. '테크의 시대'가 열리면서 교육과 기술이 만나는 '에듀테크', 예술과 기술이 만나는 '아트테크' 등 첨단기술을 중심으로 융합하는 사례가 증가한다. 셋째, 아예 새롭게 신산업이 생기면서 새로운 직업이 나타난다. 개인방송이나 메타버스 산업이 등장하면서 콘텐츠 크리에이터와 이를 중심으로 한 제작·연출, 디지털 마케팅, 엔터테인먼트 등의 새로운 직무가 탄생한 것을 예로 들 수 있다.

## 두근두근 미래 상상하기

<다가온 미래, 새로운 직업>은 다가온 미래에는 새로운 직업에 더 주목해야 한다는 점을 강조한다. 우리 사회가 변화를 맞을 때, 일터 역시 큰 변화가 생기고, 미래의 인재 청소년들은 그에 맞는 준비를 해야 한다. 이 책은 미래가 어떤 모습으로 다가오고, 그런 미래에 어떤 일을 하며 살아갈지 생각해보는 계기를 제공한다. 특히 이 책에 제시한 분야별 새로운 직업들은 지금은 낯설지만 미래 유망직업으로 성장하거나, 새로운 창업 아이디어로 발전시킬 수 있는 직업들이다. 또 세상에 없는 참신한 직업을 탄생시키거나, 기존 직업과 융합해 새로운 직업을 재탄생시킬 때 좋은 힌트가 될 수 있다. 따라서 '미래직업 하이라이트' 코너에 제시한 직업들을 보며 미래에 도전할 일들을 상상하는 시간을 가져보길 추천한다.

## 멋진 미래를 위한 고민

미래는 미래학자가 예측한 대로 흘러가는 것이 아니라, 사람들이 함께
만들어가는 것이기도 하다. 그런 점에서 미래를 맞이하는 우리들의
태도를 다듬어보는 시간도 필요하다. 이 책에서는 각 장 마지막에
'과학강의실'을 두고 주제별 의미 있는 질문들을 제시하고 있다.
'메타버스는 유토피아일까, 현실도피 공간일까?', '데이터는 항상
진실만을 말할까?', '로봇을 학대해도 괜찮을 걸까?', '딥페이크, 나쁜
점만 있을 것일까?', '암호화폐는 왜 범죄에 많이 사용될까?', '고기 없는
고기, 대체육은 과연 건강할까?', '로봇은 인구절벽의 구원자일까?' 등의
질문을 통해 미래에 대한 내 견해를 정리하는 시간을 가져보자.

　　　마지막으로 <다가온 미래, 새로운 직업>에서는 환경문제,
기후변화, 인구감소 등 더 나은 미래를 위해 우리가 함께 고민해야
할 거시적인 주제를 포함하고 있다. 인류의 생존과 삶의 질이 맞닿은
주제라는 점에서 우리의 미래 역할이 무엇인지 생각해보는 기회가
되었으면 한다.

2022년 2월

저자 대표　이 랑

# '쏙쏙' 용어 사전

### 라이프로깅 Lifelogging

'삶의 기록'을 뜻하는 말로 개인의 일상을 인터넷(소셜미디어)이나 스마트 기기에
기록·저장하는 행위. 취미·건강·여가 등 생활 전반의 기록을 정리·보관(때로는
공유)하는 활동으로 '일상의 디지털화'를 뜻한다. 소셜네트워크서비스(SNS)가 대표적인
라이프로그이다. 사물인터넷, 웨어러블 기기, 클라우드 컴퓨팅, 빅데이터 등과 밀접한
관계를 맺고 있다. 라이프로깅은 메타버스와도 연관되는데, 라이프로깅 메타버스는
일상에서 일어나는 모든 순간을 텍스트·영상 등으로 기록해 보관한 뒤 서버에 전송해
다른 사용자들과 공유하는 행위를 일컫는다. 19p

### 블록체인 Block Chain

데이터를 담은 블록들을 체인으로 연결한 형태를 블록체인이라고 한다. 데이터 분산
처리와 암호화를 동시에 적용한 기술로, 네트워크 상에 참여하고 있는 모든 개인
간 거래내역들이 분산, 저장되는 것을 뜻한다. 블록체인에서 '블록'은 개인 간 거래의
데이터가 기록되는 장부이고, 이 블록들이 가득차면 새로운 블록이 생성돼 순차적으로
연결되는 '체인' 구조를 이룬다. 네트워크 상 모든 사용자가 거래내역을 보유하고 있어
거래내역을 확인할 때는 모든 사용자가 보유한 장부를 대조하고 확인해야 한다. 때문에
'공공 거래장부'라고도 불린다. 가상화폐와 함께 등장한 블록체인은 은행이나 정부 등의
중앙 관리자가 필요 없는 탈중앙화 시스템으로, 다수가 데이터를 저장, 증명하기 때문에
중앙 관리자가 따로 존재하지 않는다. 19p

### 5G 5Generation

공식용어는 IMT-2020(International Mobile Telecommunications-2020)이다. 발전된
이동통신 기술로, 사람 이외에 주변의 물건, 자동차 등의 사물을 대상으로 하는
사물인터넷이 가능하다. 기가급 유비쿼터스 네트워크를 사람과 사물을 포함한 모든
사용자에게 낮은 비용과 효율적인 에너지로 제공하는 통신 서비스이다. 휴대폰 등
다양한 디바이스들이 5G 네트워크를 통해 연결되고 초고속, 대용량, 초연결, 초실시간의
서비스가 가능하다. 19p

### 리터러시 Literacy

리터러시의 사전적 의미는 글을 읽고 쓸 줄 아는 능력이다. 그러나 현대사회의 리터러시는
문자를 이해하는 능력을 넘어 변화하는 사회에서의 적응 및 대처 능력으로 그 개념이
확대되고 있다. 예를 들어 미디어 리터러시, 디지털 리터러시 등의 용어가 쓰이는데, 이는
새로운 매체와 기술에 대한 이해와 사용 능력을 포함한다. 36p

### 증강분석 Augmented Analytics

증강분석이란 현재의 데이터 분석 방법에 머신러닝이나 자연어처리와 같은 인공지능(AI)
기술을 적용해 '증강된 부가가치' 능력을 분석에 사용하는 기술을 뜻한다. 즉, 데이터
접근성을 혁신적으로 높이면서 분석의 품질을 더욱 높일 수 있는 새로운 데이터
분석방법이다. 방대한 데이터의 바다에서 의미 있는 정보를 얻기 위한 기술로, 데이터
사이언티스트의 역할을 대신하고 데이터의 가치를 높일 수 있어 각광받고 있다. 37p

### 팬데믹 Pandemic

세계보건기구(WHO)가 선포하는 감염병 최고 등급. 세계적으로 감염병이 대유행하는
상태를 이른다. 우리말로 바꾸면 '(감염병) 세계적 유행'으로 풀이할 수 있다.
세계보건기구는 감염병의 위험도에 따라 감염병 경보단계를 1~6단계로 나누는데,
팬데믹은 최고 경고 등급인 6단계에 해당한다. 1단계는 동물에 한정된 감염, 2단계는
동물간 전염을 넘어 소수의 사람에게 감염된 상태, 3단계는 사람들 사이에서 감염이
증가한 상태, 4단계는 사람들간 감염이 급속히 확산돼 세계적 유행병이 발생할 초기 상태,
5단계는 감염이 널리 퍼져 최소 2개국에서 병이 유행하는 상태, 6단계 팬데믹은 감염병이
특정 권역을 넘어 2개 대륙 이상으로 확산된 상태다. 1948년 세계보건기구가 설립된 이래
팬데믹을 선언한 경우는 1968년 홍콩독감, 2009년 신종플루, 2020년 코로나19 등 세
차례뿐이다. 48p

## ICT Information and Communications Technology

정보기술(Information Technology, IT)과 통신기술(Communication Technology, CT)의 합성어. 우리말로 바꾸면 정보통신기술이다. 정보를 주고받는 것은 물론, 개발·저장·처리·관리하는 데 필요한 모든 기술을 포함한다. 52p

## 머신러닝 Machine Learning VS. 딥러닝 Deep Learning

인공지능(AI) 기술에 속하는 머신러닝과 딥러닝. 머신러닝이란 말 그대로 '기계학습'을 뜻하고, 딥러닝은 '깊은 학습'으로 이해할 수 있다. 그렇다면 머신러닝과 딥러닝, 무엇이 다를까? 머신러닝은 사용자가 입력한 데이터를 바탕으로 컴퓨터가 스스로 학습하고 예측하는 알고리즘이다. 예를 들어, 우리가 일상에서 사용하는 유튜브와 네이버쇼핑 등은 머신러닝을 이해할 수 있는 직관적인 플랫폼이다. 주로 구독한 동영상 등을 토대로 비슷한 동영상을 추천하는 유튜브, 사용자의 취향과 비슷한 쇼핑몰을 추천하는 네이버쇼핑의 추천 카테고리는 머신러닝기술을 활용한 예다. 딥러닝은 머신러닝의 한 분야로 인공신경망 기법을 통해 인간이 따로 데이터를 입력하지 않아도 스스로 패턴이나 규칙 등을 찾아내 수행하거나 의사결정을 하는 인공지능 기술이다. TV, 에어컨, 청소기 등 사물인터넷 분야에 많이 쓰이고 자율주행자동차 등에도 사용된다. 즉, 머신러닝이란 데이터를 활용해 사용자의 특성을 학습하여 예측하는 기술이고, 딥러닝은 사람의 뇌를 모방해 데이터를 직접 학습하고 문제해결까지 처리하는 기술이다. 68p

## 공공재 公共財

개인이 대가를 지불하지 않고도 이용할 수 있는, 모든 사람들이 공동으로 이용할 수 있는 재화 또는 서비스. 국방·경찰·소방·도로·공원 등이 대표적인 공공재이다. 소비를 위해 개인이 경쟁할 필요가 없으며, 시장가격도 정해지지 않는다. 따라서 공공재의 규모와 관리 등은 정부에서 정한다. 109p

### 핀테크 Fintech

금융(finance)과 기술(technology)이 결합한 서비스, 또는 그런 서비스를 하는 회사를
뜻한다. 이때 기술은 정보기술(IT)이다. 전통적인 금융산업에 IT기술이 결합한 것으로
이해하기보다는 IT기업이 금융 데이터를 활용해 새로운 서비스를 만든 것이다. '카카오페이',
'삼성페이' 등의 지급 결제 서비스가 대표적이다. 이 외에도 금융 데이터를 분석해
신용평가를 하거나 금융 업무를 더 효율적으로 할 수 있는 금융 소프트웨어 개발 등이
핀테크 서비스이다. 또한 가상화폐, 암호화폐 플랫폼 역시 핀테크 서비스에 속한다. 160p

### 비건 Vegan

동물성 식품(고기, 우유, 달걀 등)을 전혀 먹지 않는 적극적인 채식주의자.
채식주의자는 가려 먹는 음식에 따라 여러 유형으로 구분되는데 가끔 육식을 겸하는
플렉시테리언(flexitarian), 채식을 하면서 우유·달걀·생선·닭고기까지 먹는 폴로
베지테리언(pollo-vegetarian), 채식을 하면서 유제품, 가금류의 알, 어류는 먹는 페스코
베지테리언(pesco-vegetarian), 채식을 하면서 달걀이나 우유, 꿀처럼 동물에게서
나오는 음식은 먹는 락토 오보 베지테리언(lacto-ovo-vegetarian), 육류·생선·해물·
우유·유제품은 먹지 않지만 달걀은 먹는 오보 베지테리언(ovo-vegetarian), 육류와
어패류, 동물의 알(달걀 등)은 먹지 않고 우유, 유제품, 꿀은 먹는 락토 베지테리언(lacto-
vegetarian), 일체의 육식을 거부하고 식물성 식품만 먹는 비건(vegan), 채식 중에서도
식물의 뿌리와 잎은 먹지 않고 열매인 과일과 곡식만 섭취하는 극단적 채식주의자인
프루테리언(fruitarian) 등으로 세분화된다. 218p

### 유전자 조작 식품 GMO

유전자 재조합을 통해 새롭게 만들어진 농작물을 원료로 만든 식품. 유전자 재조합이란
유전자의 순서를 바꾸거나 넣고 빼서 원래 생물의 단점을 없애고 사람에게 도움을 주는
생물로 바꾼 것을 말한다. 유전자 재조합 기술은 농작물의 오랜 보관과 대량 생산 등을
가능하게 했다. 그러나 자연의 질서를 바꾼 것이기에 위험요소도 갖고 있다. 돌연변이
종의 등장, 알레르기 반응, 재래종의 멸종, 품종의 획일화 등은 유전자 재조합의 단점으로
꼽힌다. 대표적인 유전자 조작 농산물로는 콩, 옥수수, 목화, 유채 등이 있다. 219p

# 01

## 가상세계로 출발, '메타버스'가 온다
# 메타버스

메타버스 속 아바타가 배우가 되어 드라마를 찍고, 가수가 되어 노래를 부른다.
메타버스에서 체육대회를 하고, 물건을 사고팔기도 한다. 가상세계 플랫폼을
의미하는 메타버스는 미래를 이끌어갈 가장 핫한 산업으로 주목받고 있다.
디지털 신세계 '메타버스', 이제 가상이 아닌 현실에 도착했다.

글 / 이 랑

## ✪ 인터넷 이후 최고 혁명, 메타버스

**영화 한 편으로 메타버스 이해하기**

어니스트 클라인의 2011년 공상과학SF 소설을 원작으로 만든 동명의 영화 '레디 플레이어 원'(스티븐 스필버그 감독, 2018)은 메타버스를 이야기할 때 반드시 거론되는 작품으로 메타버스 교재와도 같다.

　　2045년을 배경으로 한 '레디 플레이어 원'에서 사람들은 암울한 현실을 피해 가상현실 '오아시스OASIS'에서 대부분의 시간을 보낸다. 주인공 웨이드는 시각과 촉각, 통각 등 오감을 느낄 수 있는 입체 디스플레이HMD, Head Mounted Display와 전신 감응형 특수 의복을 입고 가상세계에 뛰어들어 모험을 펼친다. 가상현실 속에서는 원하는 어떤 모습으로든 변할 수 있고, 전쟁, 파티, 쇼핑, 휴식 등 무엇이든 할 수 있다. 심지어 우주여행도 자유롭다.

'레디 플레이어 원' 외에도 워쇼스키 자매 감독의 '매트릭스'(1999), 제임스 카메론 감독의 '아바타'(2009) 등은 메타버스를 완벽하게 이해할 수 있는 영화로 꼽힌다.


## 1억 명이 한자리에 모일 수 있는 유일한 공간

메타버스Metaverse란 '가상', '초월' 등을 뜻하는 '메타Meta'와 우주를 뜻하는 '유니버스Universe'의 합성어로 1992년 미국 SF 작가 닐 스티븐슨의 소설 〈스노 크래시〉에 처음 등장한 개념이다. 이 작품 속에 구현된 메타버스는 세계적인 CEO와 개발자들에게 창의적인 영감을 선사했다. 인공지능AI 컴퓨팅 기술의 선두기업 엔비디아NVIDIA의 CEO 젠슨 황은 2020년 "우리 미래는 메타버스에 있다"라고 선언하였으며, 2021년 페이스북의 설립자이자 CEO인 마크 저커버그는 "5년 이내에 메타버스 기업으로 변신하겠다"라고 깜짝 발표를 하고는, 몇 달 후 실제 회사명을 '페이스북'에서 '메타'로 바꿨다. 이런 과정에서 메타버스는 순식간에 세상의 주목을 받게 되었다.

메타버스의 흐름에 박차를 가하게 된 것은 팬데믹 영향이 컸다. 코로나19 사태가 장기화되면서 여행과 만남이 극도로 축소되자 사람들은 현실에서 채울 수 없는 욕구를 현실 너머에 있는 가상세계에서 찾기 시작했다. 메타버스 속 세상은 현실인 듯, 현실과 전혀 다르다. 메타버스에서는 어디든 갈 수 있고, 무엇이든 할 수 있다. 이런 메타버스의 무궁무진한 잠재성에 빠르게 눈을 돌린 것은 팬데믹으로 타격이 컸던 예술계와 대학 등이다.

2020년 9월 방탄소년단BTS은 해외의 대표적인 메타버스 플랫폼인 포트나이트Fortnite에서 신곡인 '다이너마이트' 안무를 전 세계 최초로 공개했다. 비슷한 시기 YG엔터테인먼트는 국내의 대표적인 메타버스 플랫폼인 제페토ZEPETO에서 블랙핑크를 3D 아바타로 재현해 팬 사인회를 열었다. 이때 전 세계에서 접속한 유저는 약 4,600만 명으로 우리나라의 인구인 5,000만 명과 맞먹는 숫자였다.

## 공연, 대학, 병원 등 가속화된 메타버스 세상

대학도 메타버스를 적극적으로 활용하고 있다. 순천향대는 2021년 3월 세계 최초로 가상 입학식을 진행하고, 동의대는 마인크래프트 서버를 통해 졸업식을 진행했다. 서울대 의과대학은 VR·AR을 활용한 해부학 관련 실습을 진행했다. 경희대 의과대학도 VR 해부학 프로그램을 활용해 강의를 하고, 연세대는 생물학 실험에 VR 콘텐츠를 도입했다. 성균관대에서는 '제1회 세계성균관한글백일장'을 메타버스 플랫폼에서 진행했고, 건국대는 메타버스 안에 건국대 캠퍼스를 그대로 구현해 'Kon-Tact 예술제'를 개최했다. KAIST의 경우, 2023년 9월 '케냐-카이스트 캠퍼스'를 오픈해 몰입형 학습 과정에 메타버스를 도입한다는 계획을 세웠다.

기업들도 메타버스가 가진 잠재력에 주목하고 있다. 현대자동차는 제페토 안에서 신차를 시승하는 공간을 마련했고, KB국민은행과 하나은행은 각각 금융타운과 글로벌캠퍼스를 메타버스에 설치했다. SKT는 메타버스에서 신입사원 채용설명회를 진행해 호응을 얻었다.

메타버스가 패션업계와 만난 사례도 있다. 롯데홈쇼핑은 가상피

메타버스를 소재로 한 영화 '레디 플레이어 원'. 네이버영화 제공.

팅 서비스인 '리얼피팅'과 가상 쇼핑공간인 'VR라이프스타일샵'을 오픈해 주목을 끌었다. 현실 속 흔한 장소, 편의점도 메타버스 속으로 들어왔다. BGF리테일은 제페토 맵에 개방형 옥상(루프탑) 형태의 'CU 제페토한강 공원점'을 개점해 이용자들이 커피나 라면을 먹고 버스킹 공연도 즐길 수 있는 공간을 만들었다. 메타버스 열풍은 정치까지도 영역을 넓혔다. 조 바이든 미국 대통령은 지지자들을 위한 당선 축하 파티를 메타버스에서 개최했고, 국내 정치인도 코로나19로 오프라인 만남이 제약을 받자 소통 의 폭을 넓히기 위해 제페토에 사이버 캠프를 차렸다.

## 최첨단 기술의 집약체, 메타버스

단어는 낯설 수 있지만, 우리는 이미 메타버스 세계에 살고 있다. 미국의

지미 팰런의 투나잇 쇼에 출연해 포트나이트 춤을 추는 BTS. 투나잇 쇼 공식 유튜브 영상 갈무리.

비영리기술연구단체인 ASFAcceleration Studies Foundation가 구분한 메타버스의 요소를 보면 그 이유를 알 수 있다.

첫째, 메타버스는 현실에 존재하지 않는 전혀 다른 신세계인 '가상세계Virtual World'이다. 1세대 소셜네트워크서비스SNS인 '싸이월드'가 바로 가상세계라는 점에서 우린 이미 메타버스를 경험했다고 할 수 있다.

둘째, 현실 세계를 거울에 비추듯 메타버스 안에 구현해서 효율적으로 많은 것들을 할 수 있도록 한 '거울 세계Mirror World'이다. 구글의 '구글어스Google Earth'나 카카오맵의 '로드뷰Road View'처럼 현실의 정보를 가상세계에 그대로 옮겨 놓은 세상을 말한다.

셋째, 현실 위에 가상의 이미지나 판타지적 세계관을 덧씌워 만든 '증강현실Augmented Reality'이다. 실제 세계와 가상세계를 혼합한 것으로 2016

년 광풍을 일으켰던 닌텐도의 증강현실 비디오 게임 '포켓몬GO'가 대표
적이다.

마지막으로 메타버스는 사람과 사물의 일상적인 경험과 정보를 저장하
고 기록하는 '라이프로깅Lifelogging'이라는 점이다. 텍스트나 영상 등으
로 삶을 다양하게 기록하는 대표적인 것으로 블로그, 페이스북, 인스타그
램 등이 있는데, 이런 유형의 메타버스는 각각 하나씩 독립적으로 발전하
다 최근에는 상호작용하면서 융·복합의 형태로 연결되고 있다.

　　아직은 시작 단계이지만, 메타버스에는 가상현실VR · 증강현실AR
· 혼합현실MR 등 그동안 개발해온 VR 기술과 다른 첨단기술들이 융합
되고 집약되는 형태로 진화하고 있다. 스마트 글래스 등의 VR 기기, 초고
속·초연결·초저지연인 5G 기술, 블록체인을 기반으로 한 암호화폐(가
상화폐·가상통화·가상자산), 인공지능AI, 빅데이터 등 4차 산업혁명 기술
이 집약되는 것이다.

　　지금의 메타버스가 기존의 VR과 다른 점은 현장성, 예측불가성,
동시성을 띠고 있다는 점이다. 쉽게 말해, 현실처럼 꾸며진 공간에서(현장
성), 실시간으로 사람들과 소통하므로(동시성), 누구와 함께 어떤 대화를
주고받을지, 어떤 일이 일어날지 알 수 없는 것(예측불가성)이다. 현재는
영상 기술이 크게 앞질러 있는 형태이지만, 앞으로는 오감을 자극하는 신
기술이 더해질 날이 머지않았다는 전망이다.

# ☆ 전 세계의 영향력을 선점하라

**스마트폰 다음으로 전 세계를 지배할 시장**

글로벌 컨설팅 회사인 프라이스워터쿠퍼스PWC에 의하면 메타버스 시장은 2019년 50조 원에서 2021년 기준 약 52조 원으로 약간 성장한 것에 비해, 2025년에는 약 10배 성장한 540조 원, 2030년에는 1,700조 원까지 성장할 것으로 내다봤다. 현재 미국의 대표적인 메타버스 플랫폼 로블록스의 기업가치는 우리나라 돈으로 51조 원이 넘는다. 로블록스에서는 매달 1억 6,000만 명의 이용자가 1,500억 원의 돈을 쓰고 있다. 세계적인 게임 개발사이자 게임엔진 개발사인 에픽게임즈의 메타버스 플랫폼 포트나이트도 3억 5,000만 명이 넘는 이용자를 보유하고 있으며, 2018년 8월 출시된 네이버의 제페토 역시 2021년 기준 이용자가 2억 명을 넘어섰다.

태어나면서부터 디지털에 익숙한 디지털 세대는 기성세대와 달리 기본적인 소통의 문법이 다르다. 이들에게는 메타버스가 익숙하다. 앞으로는 공부하는 방식, 일하는 방식도 전혀 달라질 것이다. 그 예로 제페토 이용자 중 90%는 해외에 있으며, 그중 80%는 10대이다. 또 미국의 초등학생 65%는 이미 메타버스를 이용하고 있으며, 메타버스를 이용해 수십억 원의 수익을 낸 10대들도 등장했다. 플랫폼 기업이 메타버스 시장에 뛰어드는 것도 모두 이런 이유 때문이다.

2007년 출시 첫해 139만 대가 팔릴 때까지만 해도, 애플의 아이폰이 휴대전화 시장은 물론 생활과 문화를 이렇게 엄청나게 바꿀지는 예상할 수 없었다. 약 15여 년이 지난 2021년, 스마트폰 사용자 수는 이제 전 세계 인구의 67%에 해당하는 약 53억 명에 달한다.

페이스북뿐만 아니라 마이크로소프트MS, 구글, 애플 등 AI 역량을 보유한 테크기업들이 메타버스라는 무한한 공간을 선점하기 위해 불꽃 튀는 경쟁을 벌이고 있는 것도 이 때문이다. 메타버스 플랫폼을 선점한다면 이는 곧 스마트폰과 같은 엄청난 영향력을 소유할 수 있다는 걸 의미하기 때문이다. 메타버스가 새로운 성장 동력으로 부상하면서 우리나라 정부도 2021년 6월 메타버스 산업 발전과 협력을 촉진하기 위해 민간 주도의 '메타버스 얼라이언스'를 출범시켰다.


## 메타버스에서 일하고 돈 벌기

메타버스가 현실을 투영한 가상세계라면 세상 모든 직업이 메타버스에 그대로 존재하게 될까? 불가능한 일은 아니지만, 현재 메타버스 직업들은 메타버스 콘텐츠를 개발하는 데 집중되어 있다. 현실을 사진처럼 찍어 붙이는 것이 아니어서 메타버스라는 가상공간과 특성에 맞는 콘텐츠 개발과 적용이 필요하다. 그 출발은 메타버스 플랫폼 서비스를 개발하는 기획자이자 개발자의 역할에서 나온다. 이들은 독창적인 아이디어와 기술을 적용해 제페토, 이프랜드, 구글 어스2Earth2와 같은 메타버스 플랫폼을 개발한다. 그리고 그 안은 각종 콘텐츠로 채워진다. 바로 '콘텐츠 크리에이터'들이 만든 콘텐츠 작품들이 들어가는데, 메타버스 속 아바타를 주인공으로 하는 드라마, 웹툰, 예능을 비롯해, 아바타가 추는 춤이나 노래 등이 바로 유저들이 즐기는 콘텐츠가 된다.

　　메타버스 플랫폼에 가입하고 이용을 시작하면 가장 먼저 내 아바타를 꾸미는 단계에 들어간다. 각종 웹사이트에 회원가입을 하면 내 별명을 짓고 프로필 사진을 올리는 것과 비슷하다. 메타버스 공간에서는 특히 나를 투영하는 개성 있는 아바타를 꾸미는 일이 중요하다. 내 아바타가 바로 나이고, 다른 아바타와 소통하는 내 모습이기 때문이다. 그래서 등장한 직업이 '아바타 디자이너'이다. 아바타 디자이너는 메타버스 플랫폼 스타일에 맞는 아바타를 제작하고 기본적인 의상과 아이템 등을 제작한다. 아바타의 움직임을 표현할 때는 별도 프로그램을 활용해서 다양한 활동이 가능하도록 제작한다. 아바타 패션 디자이너는 최근 메타버스에 입문하는 많은 사람의 관심을 받는 새로운 직업 중 하나다. 디자이너가 창작한 패션 아이템을 판매해 직접적인 수익을 내기 때문이다. 이들은 화려한 메이크업이나 재밌는 의상, 소품, 액세서리 등을 만들어 파는 메타버스 속 패션 디자이너에 해당한다.

　　이외에도 메타버스 세계에는 새로운 직업들이 속속 등장하고 있다. 현실 세계의 실제 건물이나 상상 속 건축물을 설계하는 메타버스 건축가를 비롯해, 메타버스 여행 가이드, 메타 휴먼 의사, 메타버스 이벤트 디렉터, 메타버스 심리 상담사, 데이터 사냥꾼, 디지털 자산 관리사 등 낯설지만 신기한 직업들이 활동할 전망이다.


## ☆ 현실과 유기적으로 연결된 메타버스

### 가상과 현실이 접한 두 개의 세상

현실에서는 일어날 수 없지만, 가상세계에서는 무엇이든 할 수 있다. 구글의 3차원 지도를 기반으로 가상의 지구를 만들어 판매하는 부동산 거래 플랫폼 '어스2Earth 2'는 2020년 11월 분양을 시작했을 당시 타일당(10×10cm) 가격이 0.1달러였다. 2021년 9월 기준 어스2에서 미국의 평균 가격은 60달러로 서비스 출시 당시와 비교하면 무려 600배가 올랐다. 그중 미국의 백악관 가격은 현재 3만 2,266달러(3,765만 원), 이탈리아의 콜로

세움은 721달러(84만 원)로 수익률은 각각 6만 894%와 1만 7,181%이다. 현실에 있지도 않은 땅을 왜 사고파는지 궁금하겠지만, 미래의 투자자들은 어스2가 메타버스 플랫폼으로 성장할 경우, 도시가 발생하고 건축물이 생겨나면서 그것이 경제적 가치로 이어질 것이라고 본다. 투자자들의 생각처럼 어스2는 땅을 사고파는 1단계를 거쳐 앞으로 어스2를 아바타와 건물을 적용해 메타버스 플랫폼으로 성장시킨다는 계획이다.

이미 메타버스 세계에서는 우리가 예상하지 못한 일들이 일어나고 있으며 사회, 경제, 문화 등 다양한 분야에서 현실과 유기적으로 연결되어 있다. 메타버스 내에서 자신이 만들고 싶은 세상을 만들고, 그 속에서 친구를 만난다. 그 친구들은 현실에서도 교류를 한다. 손에 잡히지 않는 것 같은 가상의 세계이지만, 현실과도 이어져 있다. 현실이 메타버스라는 가상공간으로 들어가고, 메타버스의 가상현실이 진짜가 되기도 하는 것이다. 이제 막 불붙기 시작한 메타버스의 미래가 영화처럼 펼쳐질 것인

왼쪽_메타버스 플랫폼 '네이버 제페토'에 등장한 아이돌 그룹 블랙핑크와 셀레나 고메즈 아바타.
오른쪽_명품 브랜드 구찌와 제페토의 협업. 네이버Z 제공.

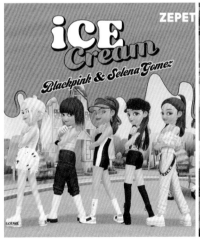

메타버스 플랫폼 '로블록스'의 아바타 라인업. 로블록스 제공.

지는 기대해 볼 일이지만, 분명한 것은 메타버스가 한때의 게임으로 전락
하지 않기 위해서는 콘텐츠 개발이 필요하다는 점이다.


## 가상현실과 현실, 다르지만 다르지 않다

아직 메타버스를 게임의 일종으로 여기거나 일시적인 트렌드라고 생각하
는 사람들도 있다. 메타버스가 게임을 중심으로 발전한 것은 사실이지만,
게임 자체가 메타버스는 아니다. 뇌과학자에 의하면 인간의 뇌가 느끼는
현실은 가상세계와 다름없다. 본다는 것은 빛이 망막에서 전기신호로 뇌
에 전달되는 것이며, 듣는다는 것은 음파가 고막의 진동에 의해 전기신호
로 바뀌어 뇌에 전달되는 것이다. 다시 말해 바깥에서 오는 모든 감각을
뇌에서는 똑같은 형태의 전기신호로 전달받는다. 이를 '뮐러의 법칙'이라

고도 하는데, 제대로 된 전기신호를 보낼 수 있다면 뇌는 현실과 가상세계를 구별할 수 없게 된다.

　한 실험에서는 백인에게 메타버스 내에서 자신의 아바타를 흑인으로 지정하여 활동하게 했더니 현실에서 흑인에 대한 차별과 혐오가 줄어드는 것을 확인할 수 있었다고 한다. 자신의 아바타에 동화된 것이다. 이처럼 메타버스의 활용도는 무궁무진하며, 긍정적인 작용과 소통이 일어나기도 한다. 그러나 영화 '레디 플레이어 원'에서 그려지듯 가상현실 속에서의 부작용도 적지 않다. 가상현실 속에서는 친구이지만, 자신의 실체를 보면 실망할지도 모른다는 두려움 때문에 진짜 이름과 주소를 알려 주지 않고, 코인을 모은 실력자들과 그렇지 못한 이들의 빈부격차는 확연하게 드러난다. 어떤 일에도 장단점은 있기 마련이다. 중요한 것은 이미 메타버스 세상이 열렸다는 것이다.

# 미래직업 하이라이트

## ☐ 메타버스 플랫폼 기획자 & 개발자

가상세계를 구현하는 메타버스 플랫폼 서비스를 개발한다. 메타버스 플랫폼의
컨셉에서부터 각종 적용 기술과 서비스를 기획하며, 증강현실(AR), 혼합현실(XR),
딥러닝 기술 등을 접목해 메타버스의 주요 콘텐츠를 어떻게 구성할지 기획한다.
XR 메타버스 안 저작도구와 활용 등을 기획·개발하기도 한다. 메타버스를
개발하는 일련의 과정에서는 각 단계의 기획자, 기술자, 개발자, 디자이너 등이
독창적인 아이디어와 기술을 바탕으로 상호 협력해야 한다.

## ☐ 메타버스 콘텐츠 크리에이터

메타버스 플랫폼에서 각종 콘텐츠를 제작한다. 유튜브 같은 동영상 플랫폼의
크리에이터(유튜버)들이 콘텐츠를 제작하는 것처럼 메타버스의 아바타를
등장시기거나 메타버스 안에서의 활농을 가지고 독창적인 콘텐츠를 제작한다.

## ☐ 메타버스 게임 개발자

대개의 메타버스 게임 플랫폼에서는 무료 게임 제작툴을 제공한다. 이 제작툴을
가지고 자신만의 독특한 게임을 기획하고 개발한다.

## ☐ 멀티미디어 디자이너

각종 컴퓨터그래픽 프로그램을 이용해 VR 전문가가 구상한 시나리오의 내용을
실감나는 영상으로 표현한다. 각종 캐릭터와 배경, 아이템, 메뉴나 옵션 등
인터페이스 디자인에 디자이너의 많은 경험이 필요하다.

## ☐ 비주얼 아티스트

가상현실의 비주얼 효과를 책임진다. 현실처럼 생생하게, 혹은 현실에 없는
비주얼을 만들어낸다. 멀티미디어 디자이너보다 한 단계 더 업그레이드된
직무를 수행한다.

□ VR 전문가

3차원 가상현실 시스템을 개발한다. 기획부터 프로그래밍, 제작까지 맡는다.
명칭은 VR 전문가 또는 가상현실 전문가, 가상환경 전문가, 가상세계 기술
전문가, 가상인식 전문가 등 다양하게 불린다. VR기술에 최적화된 콘텐츠를
제작하는 VR 콘텐츠 제작자나 연출자도 있다.

□ 홀로그램 전문가

홀로그램은 맨눈으로 볼 수 있는 3차원 입체영상의 형태로, 홀로그램 기술을
활용한 공연 등으로 대중에 잘 알려져 있다. 홀로그램 전문가는 홀로그램 기술을
개발하고 적용하는 엔지니어와 영상을 구현하는 디자이너로 크게 구분할 수
있다. 홀로그램 디자이너는 홀로그램의 영상 콘텐츠를 디자인해 제작하고,
엔지니어는 완성된 홀로그램 영상이 제대로 작동하도록 필요한 시스템을
구축한다.

□ 아바타 디자이너

메타버스에서 활동하는 캐릭터인 아바타를 디자인한다. 메타버스 플랫폼
스타일에 맞는 아바타를 제작하고 기본적인 의상과 아이템 등을 제작한다.
아바타의 움직임을 표현할 때는 별도 프로그램을 활용해서 다양한 활동이
가능하도록 한다. 제작프로그램으로 블렌더(Blender) 등이 있다.

□ 아바타 패션 디자이너

메타버스에서는 이용자가 직접 아이템과 의상 등을 만들고 판매할 수 있다.
디자이너가 창작한 패션 아이템으로 직접적인 수익을 내기 때문에 많은
사람들의 관심을 받고 있다. 이들은 화려한 메이크업이나 재밌는 의상, 소품,
액세서리 등을 제작한다.

*미래직업 하이라이트 내용은 한국고용정보원 워크넷(www.work.go.kr)의 직업정보를 참조해 작성하였다.

## 스마트 글래스만 쓰면 현실이 메타버스?

메타버스를 이해하기 위해서는 몇 가지 용어를 이해할 필요가 있다. 'VR(가상현실)'이란 컴퓨터 속 가상의 세계에서 실제와 같은 체험을 할 수 있도록 하는 기술을 의미하며, 'AR(증강현실)'이란 실세계에 3차원 가상물체를 겹쳐 보여주는 기술을 말한다. 'MR(혼합현실)'은 실세계에 VR을 접목해 현실의 물리적 객체와 가상 객체가 상호작용할 수 있는 환경을, 'XR(확장현실)'은 MR 기술을 망라하는 초실감형 기술과 서비스를 말한다. 2022년 전 세계 AR·VR시장은 1,050억 달러(약 118조 9,650억 원) 규모로 성장할 전망이며, 그중 AR시장이 약 86%에 해당할 것으로 예상된다. 가상현실만 제공하는 VR기기는 특성상 현실 세계와 격리가 불가피한 반면, AR은 현실 세계에 정보를 덧입히는 것이라 일상생활과 공존할 수 있어 성장성이 더 높다. 현재 AR글래스의 선두주자인 구글을 비롯하여 애플 등 글로벌 IT업체들이 스마트 글래스 개발에 열을 올리고 있으며, 실제 산업현장 등에서는 이미 스마트 글래스가 사용되고 있다. 과연 언제쯤이면 스마트 글래스를 장착하고 생활하는 영화같은 세상이 열릴 것인가?

## 메타버스는 유토피아일까? 현실도피 공간일까?

메타버스를 콜럼버스의 신대륙 탐험에 빗대기도 한다. 기성세대가 이미 차지한 현실에서 기회를 상실한 젊은 층이 콜럼버스가 신대륙을 개척하듯이 새로운 영역에서 기회를 찾고 있다는 것이다. 현실에서는 하루하루가 스트레스의 연속이지만 가상세계 속 세상은 다르다. 메타버스에서는 잠시나마 내 앞에 마주한 문제와 압박에서 벗어나 뇌와 마음이 쉴 수 있고, 이를 회복하는 시간으로 활용할 수 있다.

그러나 메타버스가 긍정적인 면만 있는 것은 아니다. 육체를 가진 인간이 가상세계에서 머무는 시간이 길어지고, 깊이 빠져들면 메타버스에 중독되거나 현실도피처로 이용할 수 있다. 심하게는 현실과 단절하는 상황이 올 수도 있다. 이미 닥쳐온 새로운 세상이고, 우리가 나아가고 있는 방향이지만, 메타버스를 어떻게 활용하는 것이 건강한 방법인지 한번쯤 생각해보는 건 어떨까?

# 02

## 미래를 바라보는 창
# 빅데이터

몇 년 전만 해도 빅데이터(Big Data)는 낯선 단어였다. 하지만 수년 사이
빅데이터는 우리의 일상을 뒤덮고 있다. 좋든 싫든 빅데이터는
미래의 삶과 직장은 물론 모든 것을 송두리째 바꿀 것이다.

글 / 김동규

## ☆ 관심과 생각의 흔적을 남기는 데이터

**미래를 예측하는 데이터**

'통계는 모든 과학의 문법'이라고 한다. 통계란 어떤 집단의 특성을 숫자로 나타낸 것으로 이 숫자를 통해 과거와 현재를 파악하고 미래를 예측할 수도 있다. 이 때문에 많은 분야에서 통계를 사용해 왔다. 통계의 기초는 데이터이고, 따라서 데이터 자체는 전혀 새로울 것이 없다. 주목할 것은 급속도로 발전한, 전례 없는 디지털화이다.

과거에는 데이터를 얻기 위해 자로 재고, 무게를 측정하고, 사람을 만나 설문을 해야 했지만, 지금은 자동으로 데이터가 대량 생산된다. 컴퓨터, 스마트폰, 사물인터넷 등을 통해 우리가 수시로 하는 인터넷 검색, 쇼핑, 댓글, 사진, 리뷰, 위치, 교통, 이동, 영상은 물론 제조, 의료 생체데이터 등 디지털 기술이 활용되는 분야라면 어디서든 데이터가 생성된다. 이러한 데이터는 우리가 평소 무엇을 하고, 무엇을 원하는지를 보여주는 흔적을 남긴다. 사람들은 트렌드를 쫓아 시시각각 달라지지만, 과거와 달리 수많은 자료 수집과 분석이 가능해지면서 데이터가 그 흐름을 시각화해서 보여준다. 이것이 데이터가 자산이 되는 이유이며, 미래의 모든 비즈니스에서 데이터를 빼놓을 수 없는 이유이기도 하다.

## 데이터 활용으로 최고가 된 사람들

데이터가 자산이 될 수 있다는 것을 누구보다 빨리 알아차린 사람은 과거나 현재나 할 것 없이 놀랄 만한 성과를 거두었다.

  1859년 여성 최초의 왕립 통계학회 회원이기도 했던 나이팅게일은 크림전쟁(1854)에서 간호사로 활동하며 데이터를 수집해 군인들의 사망 원인을 분석했다. 그 결과 나이팅게일이 전장에서 활동한 지 6개월 만에 환자 사망률은 42%에서 2%로 뚝 떨어졌다. 이 공로로 나이팅게일은 영국 빅토리아 여왕에게 치하를 받기도 했다. 널리 백성을 이롭게 한 세종대왕은 1430년 국가재정의 안정을 위하여 새로운 세법인 '공법' 도입을 검토하였는데, 이때 조선 인구의 4분의 1에 해당하는 인구를 대상으로 여론조사를 실시했다.

  브래드 피트가 주연한 영화 '머니볼'(2011)의 실제 주인공인 미국 오클랜드 구단 단장인 빌리 빈은 코치들의 주관적 판단에 따라 선수를 영입하던 과거 방식에서 벗어나 출루율, 장타율, 연봉 등 선수들의 데이터를 분석해 트레이드에 나서면서 놀라운 성과를 거두며 만년 하위 팀을 메이저리그 최다 연속 우승으로 이끈 주인공이다.

1994년 자신의 차고에서 인터넷 서점을 만들어 세계 최대 전자상 거래 기업으로 성장시킨 아마존의 창업자 제프 베이조스도 데이터의 가치에 일찌감치 눈을 뜬 사람이었다. 2002년 직원들에게 모든 프로그램 기능과 데이터를 공개하고, 이 자료를 통한 소통은 네트워크를 통해서만 하라는 메일을 보냈다. 만약 이를 어기는 사람은 직위 고하를 막론하고 해고할 것이라는 통보를 더해서 말이다. 제프 베이조스는 2021년 기준 자산 1,999억 달러(234조 29억 4,000만 원)를 소유한 세계 최고, 1등 부자이다.


## ☆ 무궁무진한 활용 가치를 지닌 데이터


### 2013 올빼미버스 vs. 2018 버추얼 싱가포르

데이터는 우리가 상상하는 것보다 더 많은 일을 할 수 있다. 패션 브랜드 자라ZARA가 TV 광고를 하지 않으면서도 글로벌 SPA 브랜드로 성장할 수 있었던 데에도 데이터 활용에 그 비결이 있다. 자라는 옷에 붙어 있는 RFID(무선인식) 태그를 이용해 소비자가 탈의실에서 가장 많이 입어 본 옷이 무엇인지, 가장 많이 팔린 옷이 무엇인지 데이터를 수집·분석하고, 그 데이터를 바탕으로 소비자 취향에 맞는 옷을 만들어 재고를 최소화한다.

특히 빅데이터는 머신러닝Machine Learning, 딥러닝Deep Learning

같은 인공지능AI 기술과 결합하면서 인상에 남는 다양한 결과를 만들어내고 있는데, 서울시의 '올빼미버스'와 싱가포르의 '버추얼 싱가포르' 프로젝트를 비교해보면 알 수 있다. 2013년 서울시는 지하철 막차가 끊긴 뒤 심야버스를 운영하고자 했지만 수익성이 낮아 고민 중이었다. 이때 KT와 협력해 통신 데이터가 많이 기록된 지역을 선별, 최적화 노선을 구축했다. 이처럼 단순하게 활용되었던 빅데이터는 인공지능AI 기술과 결합하면서 새로운 도전이 시도되고 있다.

2018년 싱가포르는 6,000만 달러(약 670억 원)를 들여 도로, 빌딩, 아파트, 테마파크 등 건축물은 물론 가로수, 육교 등 현실에 있는 도시 전체를 그대로 3D로 옮겨 놓은 국토 가상화 프로젝트를 진행했다. 싱가포르는 이를 통해 건물을 지을 때 일조권, 공기의 흐름 등을 미리 테스트하고, 국가 비상사태에 관한 시뮬레이션을 하는 등 다양한 용도로 활용하고 있다. 이처럼 가상공간에서 형상과 움직임을 현실과 동일하게 구현하기 위해서도, 완벽한 자율주행을 위해서도 빅데이터가 필요하며, 그 활용은 분야를 가리지 않고 진행되고 있다.


## 100배 빠른 속도, 3,000배의 충격으로 다가오는 데이터 시대

적게는 수십억에서 많게는 수백억 원이 드는 영화지만, "영화 흥행은 하늘도 모른다"고 말하는 것이 일반적이었다. 그러나 이러한 영화계에도 데이터를 활용해 성공한 사례가 있다. 바로 온라인 영화·드라마 유통업체 넷플릭스다. 넷플릭스는 빅데이터를 활용, 영상 사이의 선호하는 패턴을 분석하는 추천 알고리즘을 플랫폼에 적용해 소비자를 끌어들이고, 사용자의 취향을 분석해 '하우스 오브 카드'나 '오징어 게임' 같은 드라마를 기획·제작해 큰 성공을 거두었다.

그 외에도 빅데이터를 활용하면 엘리베이터에서 운행 시 발생하는 전기적·기계적 신호 데이터를 센서로 수집하여 고장이 나기 전에 사전 정비를 할 수 있는 '예지정비Predictive Maintenance'도 가능하다. 신약 개발을 위한 약제 발굴, 유행병 발생 예측, 소매점 개설 입지 선정, 학생 수준별 학습 콘텐츠 제공, 날씨·기후 관측, 농작물 질병 예측, 심지어 우주기술 개발에까지 사용할 수 있다.

디지털 생태계에서 빅데이터는 핵심 자원이자 자양분이다. 인공지능을 '사물의 두뇌', 빅데이터를 '21세기의 원유Crude Oil'라고 부르는 것은 데이터가 모든 기술혁신과 제품혁신, 서비스 혁신의 원천이자 기반이기 때문이다.

미래학자인 토마스 프레이는 앞으로 20년간 우리가 겪을 변화가 지난 인류의 역사 이래 겪었던 변화를 모두 모은 것보다 더 클 것이라고

빅데이터로 고객의 취향을 파악하는 넷플릭스. 넷플릭스 제공.

했으며, 매킨지 글로벌 연구소장이자 〈미래의 속도〉 저자인 리처드 돕스도 앞으로 닥쳐올 세상의 변화 속도가 과거 산업혁명 시대보다 10배는 빠르고, 300배는 스케일이 크며, 사회 전반에 주는 충격은 3,000배 정도 될 것이라고 했다. 그 기반에 바로 데이터가 있는 것이다.

## ☆ 미래는 데이터를 활용한 분석 경쟁력이 힘

**누구나 유익한 정보를, 비정형 데이터와 증강 분석**

빅데이터는 디지털 환경에서 생성되는 수치 데이터나 문자, 영상, 음성 등의 정형 및 비정형 데이터이다. 비정형 데이터란 미리 정의된 방식으로 정리되지 않은 정보를 말한다. 비유하자면 우리 주변에 흔히 널려 있는 흙과 같다. 앞으로 이 흙더미는 계속 쌓여갈 테지만, 이 속에서 다이아몬드나 금, 하다못해 쓸 만한 돌이라도 캐어내는 것은 점점 더 까다로워지고 힘들어질 것이다.

　　많은 데이터를 다루려면 비용과 시간, 그리고 전문성이 필요하다. 만약 데이터 속에서 가치 있는 정보를 추출할 수 없다면 데이터가 무슨 소용이 있을까? 그러나 기술의 발전은 이러한 걱정까지 어느 정도 해소한다. 앞으로는 인공지능과 머신러닝 등을 이용해 데이터를 수집하고, 데이터의 오류를 확인(데이터 클리닝)하며, 분석 모델을 개발해 의미 있는 정보를 뽑아내는 모든 절차가 자동화되는 '증강 분석Augmented Analytics'이 일반화될 예정이다.

　　미국의 시장 조사 및 컨설팅 회사인 가트너에 따르면 데이터 분석

업무의 약 40%가 자동화될 것이라고 한다. 다시 말해 빅데이터 분석에 익숙하지 않은 비전문가라도 데이터에 쉽게 접근해 의미 있는 정보를 얻을 수 있으며, 이러한 기술은 기업 간 격차를 줄일 수 있다는 것을 의미하기도 한다.

## 현대인의 필요 능력, 데이터 리터러시

이제 데이터는 단순한 정보가 아니라 세상을 이해하는 단서로 보아야 한다. 데이터 속에서 무엇을 알고 싶으며, 정보를 어떻게 추출해낼 것인가를 고민해야 한다. 다시 말해 지식을 얻는 패러다임이 완전히 변한 것이다.

글을 읽고 해독하는 능력을 '리터러시Literacy'라고 한다. 데이터를 목적에 맞게 활용하는 데이터 해석 능력을 '데이터 리터러시Data Literacy'라고 한다. 나이팅게일과 세종대왕이 탁월한 데이터 리터러시 소유자였던 것처럼 미래에는 이러한 능력이 더욱 많이 필요해질 것이다. 일상을 빅데이터 기반으로 바라보고 사고해야 하는 것이다. 이 때문에 빅데이터 관련하여 많은 교육훈련 과정이 개설되고, 국가자격 및 사내 자격이 신설되고 있으며, 인공지능 학습을 위한 데이터베이스 구축 사업이 국가적 차원에서도 추진 중이다.

빅데이터의 활용 가치가 더욱 커지고 관련 기술이 발전하면서 미래 시장 선점과 생존을 위해 기업은 더욱 고도화된 전문가를 요구, 좋은 인재를 확보하려는 경쟁이 치열하다. 하지만 여전히 데이터 과학자는 부족한 실정이다. 특히 데이터 거래와 같은 새로운 시장이 열리며 '데이터 거래 전문가(데이터 중개사)' 같은 새로운 직업군이 생겨나기도 할 것이다. 데이터 거래 전문가는 아직 데이터 거래 시장이 활발하지 않고 관련 직무도 전문화되지 않았지만, 머지않은 미래에 수요가 폭발적으로 늘어날 것으로 예상되는 전문직이다. 데이터를 좀 더 정교하게 가공하는 '빅데이터 품질 관리자'나 소비자의 신규 영업 및 사업 기회를 발굴하고, 시장 및 경쟁사 분석, 영업 전략을 수립하는 '데이터 컨설턴트' 등도 미래에 촉망받는 직업이라고 할 수 있다.


## 디지털 전환 시대, 빅데이터를 가진 자가 승리한다

디지털 전환이 전 산업과 사회에 더욱 빠르게 진전되면서 산업에 커다란 변화를 일으키고 있다. 경제학자들은 기업이 데이터 활용 효율성을 1%만 높여도 수익이 향상된다는 연구 결과를 내놓았다. 전 세계 이용자들의 데이터가 집결하는 플랫폼을 소유한 기업은 그 데이터를 분석하고 활용하여 독점적 지위를 공고히 할 수 있고, 또 새로운 비즈니스 영역으로 확

빅데이터를 야구에 활용한 이야기 '머니볼'. 네이버영화 제공.

장할 수도 있다.

예를 들어 카카오는 카카오톡이라는 SNS 플랫폼을 활용하여 광고, 쇼핑, 배달, 선물하기, 송금 및 결제, 택시 등 다양한 비즈니스 모델로 확대하고 있다. 이용자 수와 이용자 정보가 플랫폼의 경쟁력이 되는 것이다. 아마존이나 애플, 네이버 등 플랫폼 기업들이 성장을 거듭하고, 많은 기업이 자기 분야에서 플랫폼 생태계를 구축하려고 노력하는 이유이다. 그뿐만이 아니다. 빅데이터 비전문가인 학생도 증강 분석 앱을 이용해 "내가 가장 적은 시간을 투자해 가장 높은 점수를 올릴 수 있는 과목은 무엇인가?"라는 질문에 대한 답을 얻을 수 있는 시대가 되었다.

그러나 우리는 데이터가 가져올 오류에 대해서도 생각해볼 필요가 있다. '트롤리 딜레마Trolley Dilemma'라는 말을 들어본 적이 있을 것이다. 다섯 사람을 구하기 위해 한 사람을 죽여도 되는 것인가 하는 윤리학 분야의 사고실험이다. 만약 인공지능이 부자처럼 보이는 한 사람을 살리기 위해 부랑자처럼 보이는 다섯 사람을 죽이는 것이 낫다고 판단하면 인간은 그에 따라야 하는 걸까?

아직 인공지능은 데이터가 확보되는 특정 분야에서만 정확도가 뛰어나고, 종합적인 판단력은 인간에 미치지 못한다. 데이터가 중요하고, 유익한 결과를 얻을 수 있다는 것에는 반론의 여지가 없지만, 데이터로 끌어낸 결론에 모든 것을 맡길 것인가에 대한 판단은 깊이 생각해봐야 할 문제이다. 데이터를 자산화하고 건강한 데이터 생태계를 구축하기 위해서는 앞으로 많은 시간과 노력을 투자하고, 그 결과에 따르는 판단과 책임에 대해 깊이 고민해봐야 할 것이다.

## 미래직업 하이라이트

☐ **데이터 거래 전문가 (데이터 중개사)**

데이터 중개 플랫폼이나 데이터 보유 기업 등에서 데이터 판매자와 데이터 구매자를 연결하여 데이터 거래를 돕는 일을 한다. 데이터 플랫폼에서 거래되는 데이터의 가치·품질 등을 평가하고, 데이터 거래 플랫폼을 운영·관리하며, 데이터의 다양한 특성을 파악해 수요자(기업)의 니즈에 맞는 데이터 상품을 기획하고 제안한다.

☐ **데이터 라벨러 (데이터 가공 처리원)**

자율주행, 자연어인식 등의 프로그램 개발을 위해 인공지능이 학습 데이터를 쉽게 인식할 수 있도록 전처리 작업, 즉 사진 이미지, 동영상, 사운드 등의 파일에 등장하는 사물, 동물, 특정 단어 등에 라벨(정보표시)을 다는 작업을 한다.

☐ **데이터베이스 엔지니어**

데이터를 효과적으로 관리·운영하기 위해 데이터를 분석, 설계하여 데이터베이스 관리시스템(DBMS)을 구축하는 일을 한다. 전산화할 업무의 처리 절차와 관련된 데이터들을 검토·분석하고, 분석된 업무 처리 절차와 관련 데이터를 정보 시스템으로 이행하기 위한 기술 및 소프트웨어와 하드웨어 요소를 검토한다.

☐ **데이터 분석가**

사업 기획자나 서비스 기획자가 인사이트를 얻도록 서비스들의 현황 데이터를 분석·정제하여 수치로 표현하여(시각화) 제공하는 일을 한다. 또 사용자 경험 환경(User Interface) 사용성 테스트를 하기도 한다.

☐ 영상 데이터 분석가

인공지능 기술을 활용하여 각종 영상 및 이미지 데이터를 분석하고, 내포된
특성이나 패턴을 추출하는 일을 한다. 작업 결과물은 객체 인식(얼굴, 색상, 글자,
숫자, 사물 등), 상황 감지, 모션 인식 및 추적, 객체 검색 등에 활용된다. 딥러닝
분석 기법상 영상 비정형 데이터는 구분되며, 기업에서도 영상 데이터와 일반
비정형 데이터를 구분하여 다룬다. 영상 데이터 분석가는 데이터 분석가보다
전문화된 직업이라 할 수 있다.

☐ 데이터 사이언티스트 (데이터 과학자)

머신러닝 등의 인공지능 기술을 활용한 빅데이터 분석을 통해 유용한
정보(서비스 이용자의 행위 예측 등)를 추출하고, 제품 또는 서비스 개선에
활용하는 업무를 한다. 데이터 분석을 위한 혁신적인 통계 모델을 연구 및
고안해 보다 스마트한 비즈니스 프로세스를 활성화하고 분석 및 구현 등의
고도화된 업무를 수행한다.

☐ 데이터 엔지니어

특정 산업이나 기업에서 매일 생산되는 데이터를 서버에 수집·저장하고
유지·관리하는 일을 하며, 데이터를 필요로 하는 경우 제대로 찾아내어
전달하는 업무를 한다. 데이터 및 데이터 사용에 대한 액세스를 개선한다. 기술
솔루션 개발, 데이터 요구사항을 이해하고 기술 리소스에 대해 조언, 다양한
데이터셋을 집계하고 분석하는 업무를 수행한다.

□ 빅데이터 품질 관리자

데이터 품질을 향상시키기 위하여 데이터 표준화 관리, 데이터 품질 진단, 데이터 오류 관리 등의 업무를 한다. 데이터 품질 관리는 비즈니스 목적에 적합하게 활용될 수 있도록 최적의 데이터 상태를 유지하고 정확한 정보를 일관성 있게 관리할 수 있도록 지속적으로 데이터를 관리하고 개선하는 활동을 말한다.

□ 데이터 컨설턴트

데이터 수집 시스템을 구축하고, 수집된 데이터를 분석하여 활용 전략을 수립한다. 신규 영업 및 사업기회를 발굴하고, 시장 및 경쟁사 분석, 영업 전략을 수립한다. 사업 제안서 작성 및 입찰 프레젠테이션을 담당하기도 한다.

□ 개인정보 중개자

시민과 소비자의 개인 데이터 자산을 관리하기 위해 고객의 모든 형태의 데이터를 모니터링하고 데이터를 교환 또는 거래하는 일을 한다.

*미래직업 하이라이트 내용은 한국고용정보원 워크넷(www.work.go.kr)의 직업정보를 참조해 작성하였다.

## 데이터 산업과 개인정보 보호, 어떻게 공존할 것인가?

빅데이터는 '21세기의 원유'라고 할 정도로 활용 가치가 무궁무진하다. 미래 산업의
발전을 위해서는 데이터의 활용이 필수이다. 하지만, 빅데이터에는 개인정보가 포함된
경우가 많고, 이는 개인정보 보호와 충돌을 일으킬 소지가 있다. 미래 산업 발전을 위해
개인정보 보호는 뒤로 미루어둘 것인가, 아니면 개인의 인권과 권익을 위해 개인정보
보호를 최우선으로 할 것인가? 이 둘의 아젠다가 공존하는 방법은 없을까?
일각에서는 데이터 생성을 개인의 노동 결과로 보거나 공공 자산으로 보는 관점도
있다. 2015년 스위스에서는 '마이데이터 협동조합'을 구성하였고, 경기도에서는 2019년
'데이터 배당시스템'을 구축하였다. 데이터가 점차 중요해지는 시대, 개인들이 만들어내는
데이터를 기업이 일방적으로 사용해도 문제가 없을까?

## 추천 알고리즘, 문제는 없을까?

'알고리즘(Algorithm)'이란 어떤 문제를 논리적으로 해결하기 위해 필요한 절차와 방법,
명령어들을 모아놓은 것을 말한다. 데이터를 어떤 규칙에 따라 정렬하는지에 따라
다양한 알고리즘을 생성할 수 있다. 우리가 일상에서 가장 많이 접하는 알고리즘 중
가장 대표적인 것은 추천 영상이다. 유튜브나 넷플릭스 등을 보면 하나의 영상이 끝나고
다음 동영상이 뜨는데 이것들은 모두 알고리즘에 의해 생성되는 것이다. 추천 알고리즘은
영상뿐 아니라 쇼핑, 게임, 광고 등 다양한 곳에서 이용된다.
그런데 과연 이 추천 알고리즘에 문제는 없는 것일까? 우주에서 찍은 푸른 지구의
사진까지 확인할 수 있는 시대에 여전히 '지구 평면설'을 주장하는 사람들이 있다. 이러한
사람들은 의외로 많아 미국의 '평평한 지구학회' 회원은 10만 명이 넘고, 브라질은
인구의 7%인 무려 1,100만 명이 이 음모론을 믿고 있다고 한다. 일반인이 생각하기에
황당무계하기 짝이 없는 지구 평면설을 접하게 된 계기 중 하나는 추천 알고리즘에 의한
유튜브의 자동 영상 재생 기능에 의한 것인데, 이들은 정부와 학계 · 언론 · NASA 등이

지구가 평면이라는 것을 숨기기 위해 온갖 수작을 부리고 있다고 믿고 있다. 우리나라에서 생성되는 가짜 뉴스도 이런 식으로 퍼져나가는 경우가 많다.

개인의 취향에 맞는 콘텐츠를 추천해주는 것은 반길 만한 일이지만, 경계해야 하는 일이기도 하다. 기업이 이런 추천 알고리즘을 사용하는 것은 당연하게도 자사의 이익 때문이다. 사용자가 오랫동안 플랫폼에 머물러 있어야 돈이 되기 때문이다. 또한, 취향이 한쪽으로만 치우쳐져 편향된 인식만 키울 수도 있다. 우리가 무심코 받아들이는 추천 영상, 과연 제대로된 비판의식 없이 받아들여도 되는 걸까?

## 데이터가 항상 진실만을 말할까?

데이터로 도출된 결론이 항상 진실만을 이야기할까? 데이터가 가치를 창출하기 위해서는 '분석이 가능'해야 한다는 전제가 붙는다. 아무리 엄청난 규모의 데이터가 있어도 분석할 수 없다면 가치가 낮을 수밖에 없다. 그런데 실제 우리가 분석에 사용하는 정형화된 데이터는 전체 데이터의 약 20%에 지나지 않는다. 그렇다면 나머지 데이터는 무엇일까? 다양한 활동으로 만들어지기는 하지만 적극적으로 활용되지 않는 데이터를 '다크 데이터(Dark Date)'라고 한다. 다크 데이터의 유형에는 로그 기록, 더는 사용되지 않는 문서, 중복 촬영된 사진이나 동영상, 데이터 유실에 대비한 백업 데이터, 공공 데이터 중 정리되지 않고 방치된 것들, 설치하지 않은 압축 파일 등 무수히 많다. 문제는 이 다크 데이터로 인해 잘못된 결정이나 결론, 오판이 내려질 수도 있다는 점이다.

예를 들어 2012년 미국 동부 해안에 강력한 허리케인이 불어닥쳤다. 재난 전문가들은 소셜네트워크서비스(SNS)를 분석해 긴급구조가 시급한 지역을 알아내려고 했다. 결과는 예상과 달랐다. 가장 많은 구조 요청을 보낸 지역은 부유층이 많이 모여 사는 뉴욕의 맨해튼이었다. 이유는 스마트폰을 가지고 있는 사람들이 많았기 때문이었다. 이처럼 데이터는 언제나 오류, 왜곡이 일어날 수 있다. 그렇다면 이 다크 데이터는 어떻게 활용되어야 할까?

# 03

## 인간과 로봇, 공존의 시대
# 로봇

몇 년 전만 해도 전깃줄을 달고 위태롭게 걷던 로봇이 이제는 스스로
장애물을 피해 달리고 공중제비를 한다. 기술의 발전은 인간의 예상을 앞질러
미래를 당겨오고 있다. 생각하는 로봇, 감정을 느끼는 로봇까지,
로봇과 공존하는 삶은 이미 시작되었다.

글 / 이 랑

## ✨ 더는 낯설지 않은 일상 속 로봇

**힘들고 위험할수록 가까워지는 로봇**

무겁고 답답해 보이는 방역복 사이로 지친 모습이 역력한 의료진, 면봉으로 바이러스 검체를 채취하는 장갑 낀 손과 움찔 괴로워하는 검사자…. 코로나19 팬데믹이 시작되고 우리는 뉴스마다 코로나 검사 장면을 보게되었다. 방역의 최전선에 선 의료진에게 모든 국민이 감사했고, 그들의 노고에 경의를 보냈다. 또 현장에서 감염자를 치료하면서 쓰러지거나 바이러스에 감염되는 의료진을 보며 함께 가슴 아파했다. 현장에서 힘든 시간을 보내는 의료진에게 도움을 줄 수 있으면 얼마나 좋을까? 하지만 팬데믹 상황의 의료현장은 감염위험이 커 전문의료진이 아니면 진입하기 힘든 곳이다.

앞으로는 이런 현장에 로봇이 투입돼 의료진을 도와줄 수 있게 되었다. 코로나 검사를 대신해줄 로봇이 개발되었기 때문이다. 한국기계연구원 의료지원로봇연구실 연구진은 의료진이 환자와 직접 접촉하지 않고도 손쉽게 환자의 검체를 채취할 수 있는 비대면 원격 검체채취 로봇 기술을 개발했다. 이 기술로 의료진은 2차 감염에 대한 우려 없이 피검사자의 검체를 안전하게 채취할 수 있고, 장기간 고된 업무로 누적된 피로를 줄일 수 있게 되었다. 의료진의 손을 대신해 검체채취 로봇으로 검사를 하고, 정교한 작동이 필요할 때는 의료진이 원격으로 미세하게 조정하는 식이다. 마치 의사가 수술 로봇을 조종하는 것과 유사하다.

## 똑똑한 지능형 로봇의 활약

로봇의 정의는 기본적으로 인간의 일을 돕는 기계장치에서 출발한다. 로봇Robot의 어원이 체코어로 '노동'을 뜻하는 'ROBOTA'인 것만 봐도 로봇과 인간의 일이 얼마나 밀접한 관련이 있는지 알 수 있다. 위키백과에서 로봇은 사람과 유사한 모습과 기능을 가진 기계, 또는 무엇인가 스스로 작업하는 능력을 가진 기계로 정의하고 있다.

산업혁명을 거치며 로봇은 인간의 노동력을 대체하는 유능한 기계로 공장의 자동화에 기여했다. 과학기술이 더욱 발전하면서 로봇은 외부 환경 인식과 상황 판단, 자율적인 동작은 물론 인간의 감정까지 인식하고 교류하는 형태로 진화했다. 이런 로봇을 '지능형 로봇Intelligent Robots'이라고 하는데, 지능형 로봇은 제조업뿐 아니라 교육, 의료, 국방,

건설, 재난 등 다양한 분야에서 활약한다. 우리가 뉴스를 통해 자주 접하는 신기하고 스마트한 로봇의 사례들은 바로 지능형 로봇에 해당한다. 아파트 단지를 지나다니는 택배 로봇, 아이와 교감하며 놀아주는 엔터테인먼트 로봇, 학생과 대화를 주고받으며 함께 공부하는 교육 로봇, 거리를 순찰하고 결과를 바로 전송하는 순찰 로봇 등 로봇 기술은 우리와 더욱 가까워지고 있다.


## ☆ 스마트한 미래를 선물하는 로봇


**지능형 로봇, 어디까지 알고 있니?**

빠른 속도로 우리 생활에 들어오는 지능형 로봇들은 얼마나 발전했을까? 로봇으로 달라질 미래를 상상하기 전에 먼저 지능형 로봇의 종류와 역할을 살펴보자. 지능형 로봇은 용도와 목적에 따라 크게 제조용(산업용), 전문 서비스용, 개인 서비스용으로 구분한다. 제조용 로봇은 주로 공장 등 생산시설에서 사용하는 산업용 로봇으로, 자동제어에 의한 조작 또는 이동 기능을 실행한다. 첨단 제조 환경이 필요한 자동차나 선박, 반도체, 디스플레이, 그린, 나노, 바이오산업 분야에서 활약한다.

전문 서비스용 로봇은 산업 외 목적으로 사용되는 비제조용 로봇이다. 의료나 국방 같이 특수한 목적에 따라 설계되는데, 정밀한 기능이 요구되는 수술 로봇, 군사 작전을 위한 전투용 로봇 등이 대표적이다. 국제로봇협회IFR에서는 사람을 위한 복지, 특정한 시설이나 목적에 맞게 서비스를 제공하는 로봇을 전문 서비스용 로봇이라고 정의하고 있다.

개인 서비스용 로봇은 개인이 일상 공간에서 만나게 되는 로봇이다. 건강 관리나 가사, 교육, 엔터테인먼트, 안전과 보안 등에 활용되고, 일반인들에게 가장 직접적인 서비스를 제공한다. 반려견 로봇이나 청소 로봇, 배송 로봇처럼 일상에서 자주 접하기 때문에 기술 발전을 피부로 느낄 수 있고, 미래에는 개인 서비스용 로봇이 폭발적으로 증가할 것으로 전망된다.

## 제조 현장의 든든한 일꾼, 제조용 로봇

세계적인 전기차 브랜드 '테슬라Tesla'는 '완전한 자동화 공장'을 목표로 프리몬트 공장을 지었다. 자동차 산업은 생산과정에서 표준화되는 것들이 많아 자동화를 위한 산업용 로봇의 활약이 두드러지는 분야다. 테슬

테슬라의 자동화 공장. 테슬라 제공.

라는 유명 로봇회사인 쿠카Kuka와 화낙FANUC의 산업용 로봇을 조립라인에 설치하고, 재공품이나 부품 등을 이동시키기 위한 이송 로봇AGVs, Automated Guided Vehicles을 도입했다. 현재는 근로자가 로봇의 오류나 불량을 처리하며 로봇과 함께 작업하지만, 자동차 업계 최초로 최종 조립까지 완전 자동화를 시도한 혁신적인 사례로 꼽힌다.

　　사람 없이 산업용 로봇으로 채워지는 미래 공장의 모습은 '스마트 팩토리Smart Factory'로 더 지능화, 고도화될 전망이다. 스마트 팩토리란, 4차 산업혁명이 가져오는 생산공장의 혁신적인 변화로 설계, 개발, 제조, 물류, 유통 등 생산과정에 정보통신기술ICT을 적용하는 지능형 생산공장을 말한다. 스마트 팩토리에는 사물인터넷IoT, 인공지능AI, 빅데이터Big Data 같은 첨단기술이 접목된다. 공장 내 설비와 기계에 사물인터넷을 설치하고 공정 데이터를 실시간으로 수집하면, 이를 분석해 목적한 바에 따라 스스로 제어하는 방식이다.

첨단 스마트 팩토리의 구축과 성장에는 제조용(산업용) 로봇기술 발전이 필수이다. 인공지능이나 사물인터넷 같은 첨단기술은 결국 스마트 팩토리 현장의 일꾼인 산업용 로봇으로 구현되기 때문이다. 이런 이유로 세계 산업용 로봇의 대표기업인 독일의 쿠카Kuka, 스위스-스웨덴의 ABB, 일본의 화낙FANUC, 야스카와YASKAWA, 가와사키KAWASAKI 등은 로봇의 지능화와 스마트 팩토리 확대를 위해 노력하고 있다.

## 특수한 임무를 맡는 전문 서비스 로봇

일터나 가정이 아닌, 달에서 일하는 로봇이 있다면 어떤 모습일까? 미국에서는 스스로 생각하고 움직이는 인공지능 로봇을 달 자원 탐사와 채굴에 투입하는 연구를 하고 있다. 자원이 줄어드는 지구를 위해 로봇의 힘을 빌리기로 한 것이다. 미국항공우주국NASA이 주도하는 '아르테미스 계획'은 일본, 영국, 룩셈부르크, 아랍에미리트UAE 등을 비롯해 우리나라도 참여하는 국제 유인 달 탐사 프로젝트이다. 2024년에는 남녀 우주인을 달에 착륙시키고 상주 기지를 만들 예정이며, 이후 인공지능 채굴 로봇으로 '헬륨3', '희토류'처럼 희귀자원을 캐낼 계획이다. '아르테미스 계획'이 성공하면, 달 표면에는 달을 탐사하는 자동차인 월면차LRV와 희귀자원을 캐는 채굴 로봇들이 활동하게 될 것이다. 2000년대 전설의 게임 '스타크래프트'에서 보던 장면이 달 표면에서 현실로 연출되는 것이다.

채굴 로봇은 인공지능 기술을 탑재하고 자율주행과 탐사, 자원 채굴의 기능을 수행한다. 이런 채굴 로봇을 전문 서비스용 로봇이라고 하는데, 이들은 의료, 군사, 농업, 재난 대응, 방역 등 특수한 목적의 서비스를 제공한다. 예를 들어, 의료용 서비스 로봇의 경우, 의사의 수술을 보조하는 수술 로봇, 수술 연습을 위한 수술 시뮬레이터, 환자의 재활을 돕는 재활 로봇, 진단 보조나 간호 서비스를 제공하는 로봇 등이 있다. 농업용 서비스 로봇에는 무인 트랙터와 무인항공기 로봇 등이 잘 알려져 있는데, 용도에 따라 수확 관리용, 토양 관리용, 재고 관리용, 날씨 추적 및 모니터 링용, 밭농사용 등으로 활용된다.

## 친구처럼 가까운 개인 서비스 로봇

코로나19 팬데믹 위기는 로봇산업 발전을 가속화하는 계기가 되었다. 감염 예방을 위해 대면활동이 제한되면서 자연스럽게 사람과 사람이 아닌, 사람과 로봇의 만남이 더 안전하게 인식되고 있다. 사람들은 식당보다 배달 서비스를 더 이용하고, 배달 음식도 대면 없이 문 앞에 놓고 가는 방식에 익숙해졌다. 이제 아파트에는 엘리베이터를 타고 집집마다 배달하는 로봇 서비스가 도입되고 있다. 배달원이 로비에 있는 배달 로봇에 음식 등을 넣고 호수를 입력하면 로봇이 이동하는 방식인데, 배달원은 엘리베이터를 기다리는 등의 배달 시간을 절약해서 좋고, 주문자는 혹시 모를 감염위험을 걱정하지 않아도 된다.

배달 로봇은 비대면 시대를 맞으며 더 친숙한 개인 서비스 로봇이 되고 있다. 그전에는 가정용 청소 로봇이 가장 흔한 사례였는데, 성능 면에서 일반 청소기에 비해 획기적이지 않아 큰 호응을 얻기 어려웠다. 하지만 꾸준한 기술 개발로 생활에 편리함을 더해주는 가정용 서비스 로봇이 늘고 있다. 일례로, 최근 미국 전자상거래 기업 아마존이 출시한 '아마존 아스트로Amazon Astro'는 '1가구 1로봇' 시대를 활짝 열어줄 주인공으로 주목받고 있다. 이동형 로봇인 아스트로는 몸체 하단에 바퀴 3개가 있고, 몸체 상단에 10.1인치 HD 터치스크린 디스플레이를 탑재해 표정을 짓거나 간단한 메시지를 전달할 수 있다. 집안 모니터링, 가족과의 커뮤니케이션, 엔터테인먼트 콘텐츠 재생 등 다양한 작업을 할 수 있어서 일종의 움직이는 스마트폰이나 태블릿PC 같은 기능을 한다.

이외에도 ㈜로보케어가 개발한 치매 예방 돌봄 로봇 '보미1'은 실버세대의 두뇌 기능 향상을 위한 1:1 맞춤형 인지훈련 서비스를 제공한다. 교육 분야에서는 학생들과 학습하며 소통하는 교육용 소셜 로봇이 도입되고 있으며, 특별활동이 어려운 영유아들을 위한 인공지능 로봇이 보육 현장에 시범 운영되는 등, 개인 서비스 로봇 활용 사례가 증가하고 있다.

## ☆ 로봇과 직업세계

**로봇이 일자리를 빼앗고 있다?**

로봇이 인간의 일자리를 위협할 것인지에 대한 의문은 로봇의 탄생만큼이나 오래되었다. 영화에서처럼 일자리는 물론 로봇이 인간을 지배하는 세상이 올 거라며 두려워하는 이들도 적지 않다. 정말 로봇은 인간에게 위협적인 존재일까?

몇 해 전 미국의 '프로페셔널 피니싱'이란 도장업체는 도장 로봇을 도입하는 과정에서 직원들과 갈등이 겪었다. 처음 도장 로봇을 도입할 때, 일부 직원은 로봇이 일을 시작하면 회사를 그만두겠다고 선언했다. 하지만 회사의 공동창업자 돈 화이트는 이렇게 설득했다.

"우리와 함께 있어 달라, 어떤 일이 일어나는지 지켜보고 모두가 일자리를 지킬 수 있도록 도와달라."

사실 회사가 도장 로봇을 설치할 수밖에 없었던 이유는 회사의 존폐와 관련이 있었다. 최저임금 상승이 예상된 가운데, 로봇을 쓰지 않으면 2년 안에 사업을 접고 모든 직원이 일자리를 잃을 상황이었다. 도장 로봇을 도입하고, 회사는 어떻게 됐을까? 직원들은 여전히 일자리를 유지하고 있다. 당시 도입된 도장로봇 3대는 어렵고 힘든 샌딩과 페인트 작업을 처리하고, 직원들은 더 복잡하고 세밀한 조립 업무를 맡고 있다. 이 과정에서 일부 직원은 로봇기술자로 변신했다. 로봇이 모든 도장작업을 하는 동안 기존 도장공들은 로봇을 작동시키거나 기술자가 되어 보다 수준 높은 일을 하게 되었다. 로봇도장공과 함께 일하고 10개월 만에 생산성은 4배가량 상승했고, 직원들은 일이 훨씬 쉬워지는 효과를 얻었다.

## 로봇 동료와 협업하기

이제 미래의 일터에서 로봇은 더 흔한 동료가 될 것이다. 많은 현장에서 로봇이 사람과 함께 작업할 가능성이 크고, 근로자는 작업자에서 운영자로 바뀌는 방식으로 일의 내용이 바뀔 것이다. 마이클 추이 맥킨지 글로벌 연구소MGI 소장 역시 비슷하게 예측했다.

"사람 옆에 있는 로봇이나 인공지능은 사람들과 협업하며, 혼자 일하는 사람보다 더 좋은 품질의 제품을 생산할 것이다. 그리고 많은 직업이 완전히 사라지기보다는 상당수가 작업 활동이 바뀌고, 기계와 사람이 협업하는 장면이 점점 더 많아질 것이다."

그렇다고 현재의 모든 일자리가 모두 유지될 거란 낙관적인 전망은 어렵다. 아무리 거스르려 해도 로봇으로 대체되는 영역이 존재하기 때문이다. 로봇은 사람보다 정확하고 불평 없이 더 많은 일을 해내곤 한다. 또 고용주 입장에서는 인건비 절감이란 매력적인 요인을 포기할 수 없다.

일례로 무인 점포와 무인 주차장이 빠르게 늘어나는 추세를 떠올려보자. 단순 계산업무가 키오스크로 대체되면서 계산원의 일자리가 크게 줄었고, 소비자 역시 무인 점포에 익숙해지고 있다. 더욱이 코로나19 위기로 촉발된 비대면의 편리성은 로봇의 입지를 더 키울 전망이다. 다만, 무인점포나 무인 주차장에서도 사람의 손이 필요한 경우가 있는 것처럼 사람의 일이 아예 없어지는 것은 아니다. 그러므로 국가나 기업은 자동화로 대체되는 인력이 새로운 업무를 배우거나 미래 유망직업으로 유입될 수 있도록 재교육 과정을 마련해줄 필요가 있다.

왼쪽_1가구 1로봇 시대를 열어갈 미국 전자상거래 기업 아마존의 가정용 서비스 로봇 '아마존 아스트로'. 아마존 제공. 오른쪽_현대엔지니어링이 개발한 AI 바닥 미장 로봇. 현대엔지니어링 제공.

## 로봇기술로 등장한 새로운 직업들

로봇산업은 인공지능 기술을 비롯해 다양한 공학기술과 융합하며 발전한다. 그런 점에서 로봇은 첨단기술의 발전 정도를 알 수 있는 척도로 평가된다. 특히, 로봇산업에서 인공지능 기술은 떼려야 뗄 수 없는 관계여서, 로봇의 두뇌에 해당하는 인공지능은 딥러닝 등의 학습 결과로 빠르게 진화하고, 최근 빅데이터 분석력까지 탑재해 엄청난 양의 데이터를 처리할 수 있게 되었다. 관련 학문을 살펴봐도 지능형 로봇을 개발하려면 기계공학, 전자공학, 전기공학, 컴퓨터공학은 기본이고, 인공지능 기술과 관련된 뇌과학과 심리학, 데이터공학, 디자인 등 여러 영역의 전문가들과 협업이 요구된다.

로봇산업에서 새로운 직업은 크게 로봇기술 연구와 개발, 로봇의 운영과 관리, 그리고 로봇기술을 활용한 서비스 개발 분야로 구분해볼 수 있다. 먼저 로봇기술의 연구·개발과 관련해서는 로봇공학 기술자들이 로봇을 설계하고 동작의 생성, 인식기술 등을 연구한다. 고가의 로봇 제품을 설치, 운영, 수리, 관리하는 과정은 전문 기술자의 손이 필요하고, 응용 분야가 확대될수록 분야별 전문가의 역할이 중요하다. 이에 따라 로봇을 설치하고 운영하는 현장에서는 로봇 설치 전문가, 로봇 운영 전문가, 로봇 소모품 조달자, 로봇 컨설턴트 등의 역할이 필요하다.

로봇은 어떤 기계에 어떤 소프트웨어를 입히는가에 따라 역할과 기능이 달라진다. 따라서 모바일, 드론, 사물인터넷, 빅데이터, 자율주행차 등 첨단 과학 분야가 접목되는 형태에 따라 새로운 일과 직업이 나타나고, 이에 따라 새로운 첨단기술을 응용하고 융합해 새로운 로봇 서비스를 기획하는 전문가의 역할이 커질 전망이다. 이외에도 로봇 운영에 관한 정책을 만들거나 로봇시스템의 보안을 책임지는 보안 전문가, 로봇의 윤리적 운영을 제안하는 로봇 윤리학자 등의 역할도 중요하다.

## 미래직업 하이라이트 ～～～～～～～～

☐ 안드로이드 로봇공학 기술자

사람의 모습과 행동을 닮은 안드로이드 로봇을 연구·개발한다. 인공지능을
탑재하고 인간의 외형을 모델링하여 얼굴, 골격, 손 등의 사람과 닮은 안드로이드
로봇을 구현한다.

☐ 로봇 인식 기술 연구원

로봇이 외부환경에 대한 정보를 인식할 수 있도록 관련 기기와 알고리즘을
연구·개발한다. 알고리즘에는 로봇의 물체인식(물체의 종류, 크기, 방향, 위치
등을 인지하는 기술), 위치인식(센서, 마크, 스테레오비전 등을 통해 로봇 스스로
공간지각 능력을 가지도록 하는 기술), 음성인식(로봇이 음성으로부터 언어적
의미를 식별하는 기술), HRI(Human Robot Interaction, 로봇이 인간의 자세,
동작, 표정 등을 인식하고 상호작용하는 기술) 등이 있다.

☐ 로봇 감성 인지 연구원

로봇이 가장 효율적, 효과적으로 인간의 의도에 따라 작동할 수 있도록 인간과
로봇의 감성적 인터페이싱(Human-Robot Interfacing)을 연구한다.

☐ 로봇 시스템·콘텐츠 개발자

로봇에 탑재할 인공지능 시스템이나 콘텐츠를 목적에 맞게 기획하고 개발한다.
로봇을 사용하는 장소나 목적에 따라 알맞은 시스템을 적용해야 하므로 로봇
하드웨어에 탑재할 콘텐츠를 개발하는 역할이 매우 중요하다.

# 미래직업 하이라이트

☐ **로봇 교재 개발자 & 로봇 강사**

교육 분야는 로봇 기술을 가장 적극적으로 도입하고 활용하는 분야이다. 이미
많은 교육 관계자들이 로봇을 영유아, 청소년, 성인, 노인 등에 맞게 활용하고자
연구하고 있다. 어른들과는 달리 아이들은 로봇을 보다 쉽게 친구로 대하는
편이다. 때문에 교육 분야에서 로봇은 활용도가 더 높고 이에 따라 앞으로 로봇
활용 교재나 기기 개발이 더 활발해질 전망이다.

☐ **의료용 로봇 개발자**

보건의료나 사회복지 분야에서는 의료진과 협업하는 의료용 로봇을 개발하고
영업, 판매, 전문 수리 및 관리 등을 담당하는 직업의 수요가 커지고 있다. 사람의
아픔이나 불편함을 돕는 의료·복지 분야에서 로봇은 중요한 동료가 되고 있다.

☐ **로봇 공연 기획자**

예술이나 스포츠, 여가 서비스 영역에서도 로봇의 응용이 활발해지면서 새로운
직업이 나타나고 있다. 이미 연주 로봇, 연극 및 뮤지컬 공연 등에 로봇이
등장하면서 이런 서비스를 기획하고 이벤트를 구성, 진행하는 기획자가 활동하고
있다.

☐ **로봇 컨설턴트**

로봇 기술에 대한 이해를 바탕으로 로봇이 필요한 곳에 가장 최적의 방법으로
로봇기술을 도입해 활용하는 방법을 컨설팅한다. 예를 들어, 스마트팩토리에
첨단 로봇을 도입한다고 하면 어떤 로봇을 얼마나 구입 또는 임대할지, 사양은
어떻게 설정하고 수리나 고장 등은 어떻게 처리할지 등을 비즈니스 관점에서
전문적으로 제안한다.

□ 로봇 보안 전문가

로봇에 탑재된 소프트웨어도 해커의 공격에서 자유로울 수 없다. 특히, 로봇은 '움직임(Mobility)' 기능이 있으므로 해킹에 노출되면 주변 사람들을 공격하는 등 해를 입히는 사고로 이어질 수 있다. 때문에 미래에는 로봇 시스템의 보안 문제가 중요하게 부상할 것이다.

□ 로봇 전문 영업원

로봇에 특화된 전문지식과 영업력으로 소비자들에게 품질 좋은 로봇을 공급한다. 로봇 가격이 저렴해져 '1인 1가구 1로봇' 시대가 되면, 교육용 로봇처럼 일반인들이 가장 많이 접하는 서비스 로봇들을 판매하는 영업원의 역할이 커질 것이다.

□ 로봇 임대인

고가의 로봇을 구매하지 않고 임대해 사용하는 수요자가 늘면서 로봇 임대인이란 새로운 직업이 등장하게 된다. 병원이나 레스토랑, 전시회, 일반 가정 등에 로봇을 임대하고 수익을 올리는 식이다. 지금도 공항이나 쇼핑몰, 은행, 공공기관 등에서 이벤트와 홍보용 도우미 로봇을 임대하는 회사가 존재한다. 앞으로 로봇 활용 빈도가 높아지면 전문 임대업이 활발해질 것이다.

□ 로봇 전문 수리원 & 폐로봇 처리 전문가

로봇 기술의 대중화로 집집마다 로봇을 사용하게 되면 고장이나 마모 등으로 인해 수리나 폐기 절차가 필요하다. 따라서 가전제품 수리원처럼 로봇만을 전담하는 수리원이나, 고장나고 사용할 수 없는 폐로봇을 전문으로 처리하는 기술자가 생겨날 것이다.

*미래직업 하이라이트 내용은 한국고용정보원 워크넷(www.work.go.kr)의 직업정보를 참조해 작성하였다.

## 로봇은 학대해도 괜찮은 걸까?

2019년 코리도 디지털(Corridor Digital)이라는 프로덕션에서 영상 하나를 올렸다. 사람이 로봇을 의자로 세게 내려치는 영상으로 로봇은 계속해서 하키채, 스프레이, 채찍, 총 등으로 무차별 폭력을 당하다 결국 폭력을 행사한 사람에게 총을 들이대고 반항하면서 끝이 난다. 이 영상은 SNS에 500만 회 이상의 조회 수를 기록하며 화제가 되었다. 이 영상은 2015년 보스턴 다이내믹스가 로봇의 성능과 균형 능력을 입증하기 위해 사람이 로봇개에게 힘껏 발길질하는 영상을 패러디한 것으로 알려졌다. 한번 생각해보자. 감정이 없고 아픔을 느끼지 못한다고 해서 로봇을 학대하거나 폭력을 행사하는 것은 괜찮은 걸까? 오래되고 고장난 로봇을 창고에 방치하는 건 어떨까? 그 로봇이 사람과 똑같은 모습을 한 휴먼 로봇이라면 정말 아무렇지 않을까?

## 로봇직원, 로봇호텔에서 해고당하다!

일본의 '헨나호텔(이상한 호텔)'은 세계 최초의 로봇호텔로 기네스북에 올랐다. 2015년 오픈한 헨나호텔의 직원들은 대부분이 로봇이었다. 안면인식 기술을 탑재하고 다국어가 가능한 로봇들이 투숙객의 체크인과 체크아웃을 도와주었다. 로비에는 짐을 보관해주는 기계 팔이 있고, 로봇 애완견이 뛰놀거나 피아노 치는 로봇까지 설치해 유명세를 치렀다. 하지만 처음 80대 정도였던 로봇들은 점차 작동을 멈추고 방치됐다. 그중에는 객실에 있는 로봇이 자꾸만 잠을 깨우는 바람에 잠을 설쳤다는 불평이 많았다. 코골이가 심했던 손님이 잠을 잘 때 로봇은 코 고는 소리를 사람의 말로 오인해 밤새 "미안합니다. 무슨 말인지 이해하지 못했습니다. 다시 한번 말씀해주십시오"를 반복했다.
객실에서는 '추리(Churi)'라는 로봇 도우미가 객실의 조명이나 냉난방을 제어하고 인공지능 비서의 기능을 하게 했으나, 성능이 떨어져 손님들이 원하는 수준의 서비스를 제공하기엔 부족했다. 결국 투숙객의 불만이 커져 절반 이상의 로봇을 철수했다. 로봇을 전면에 내세웠지만, 로봇들은 점차 해고됐다. 로봇이 작동을 멈추자 오히려 고객의 불만은 줄고 호텔을 안정적으로 운영할 수 있었다. 헨나호텔의 사례를 보면, 서비스에는 사람의 손이 필요하다는 것을 알 수 있다. 앞으로 로봇기술이 더 발전하면 완전 자동화된 호텔을 운영할 수 있을까? 아니면 그때도 사람이 꼭 필요할까? 만약 로봇직원이 필요하다면 어떤 일에 가장 큰 도움이 될까?

## 로봇이 파쿠르를 한다고?

매번 세상을 놀라게 하는 로봇을 선보이는 회사 보스턴 다이내믹스(Boston Dynamics)는 '파쿠르(Parkour)' 코스를 완벽하게 통과하는 로봇을 선보였다. 파쿠르란 도시와 자연환경 속에 존재하는 다양한 장애물을 아슬아슬하게 건너뛰고 통과하며 빠르게 이동하는 익스트림 스포츠이다. 건물과 건물 사이를 점프해서 이동하고, 계단을 뛰어 구르며 착지하는 모습 등, 영화 '킹스맨'의 주인공 에그시가 폭력배를 피해 건물 사이로 달아날 때의 모습을 떠올리면 된다. 사람도 하기 힘든 파쿠르를 로봇이 자연스럽게 성공하는 모습을 보면 놀라지 않을 수 없다. 보스턴 다이내믹스에서 공개한 동영상에는 2대의 아틀라스 로봇이 등장한다. 첫 번째 로봇은 기울어진 합판을 뛰어다니고 높이가 다른 박스 사이를 크게 점프하고 계단을 오르내리는 재주를 선보인다. 두 번째 로봇은 점프를 하고 평균대 같은 구조물을 뛰어다닌다. 마지막 하이라이트는 바로 백플립(뒤로 공중회전)! 아틀라스는 두 팔과 두 다리를 동시에 사용해 상당히 복잡한 균형과 체중 관리를 하며 공중회전과 착지를 해낸다.

현대자동차가 보스턴 다이내믹스를 인수했을 때 방탄소년단(BTS)이 '스팟(Spot)'과 '아틀라스(Atlas)'와 함께 춤추는 영상이 화제가 되었다. 스팟은 4족 보행 로봇으로 영상에서는 방탄소년단의 안무를 따라 하는 로봇개로 등장한다. 아틀라스는 방탄소년단에게 안무를 배워서 똑같이 따라 하는데, 마치 방탄소년단의 멤버인 것처럼 단체군무를 완벽히 소화해 놀라움을 자아냈다. 이렇게나 부드럽고 절도 있는 춤사위가 어떻게 로봇에게 가능할까? 실패와 성공을 반복하며 발전하는 로봇기술, 역대 최고가 될 미래의 로봇은 어떤 모습일지 상상해보자.

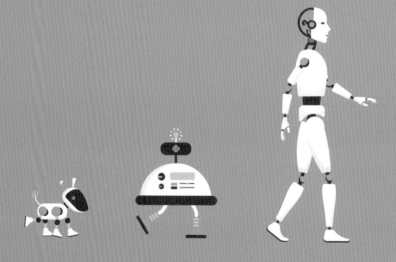

04

인공지능은 인간의 지능을 넘어설까?

# 인공지능 AI

뇌세포가 분열하듯 인공지능 기술이 빠르게 진화하고 있다. 일부 부정적인
시각에도 불구하고, 앞으로 나아가는 첨단기술을 되돌릴 방법은 없다.
인공지능과 살아가는 세상, 인간은 인공지능 기술과 어떤 관계를 맺어나갈까?

글 / 이 랑

## ☆ 점점 더 일상으로 파고드는 인공지능

**가상 인물에 빠져드는 사람들**

'로지'는 우리나라 최초의 버추얼 인플루언서로 2020년 대중에 첫선을 보였다. 싸이더스 스튜디오 X가 제작한 가상 인물인 로지의 인스타그램은 개설 석 달 만에 팔로워 1만 명을 넘길 정도로 관심을 끌었다.

여기서 '버추얼 인플루언서Virtual Influencer'란 '가상의'라는 뜻의 '버추얼 Virtual'과 '사회적 영향력이 큰 사람'을 뜻하는 '인플루언서Influencer'가 합쳐진 말로, 인공지능AI, Artificial Intelligence 기술로 탄생한 '가상의 유명인'을 의미한다.

전 세계적으로 가장 유명한 버추얼 인플루언서는 2016년 미국 스타트기업 브러드Brud에서 출시한 모델 겸 뮤지션 '릴 미켈라lil Miquela'로 팔로워가 300만 명이 넘는다. 릴 미켈라는 샤넬, 프라다 같은 명품 브랜드와 협업하고 패션 잡지 <보그>의 커버를 장식하기도 했다. 2019년 스웨덴의 가구회사 이케아가 도쿄에 매장을 낼 때는 버추얼 인플루언서 '이마'가 3일 동안 이케아 매장에서 지내는 일상을 유튜브로 내보내 화제가 되기도 했다.

동작뿐 아니라 미소나 찡그림 같은 표정이 인간과 거의 똑같으면서 다양한 분위기의 묘한 매력을 가진 버추얼 인플루언서는, 시공간의 제약을 받지 않고 사생활 문제도 걱정할 것 없어 최적의 광고모델로 평가받는다. 실제 2021년에는 로지가 모델로 등장한 광고영상이 전파를 타면서 버추얼 인플루언서의 존재를 확실하게 알렸다.


## 상상보다 빠르고 다이내믹하다

인공지능은 의식하지 않을 뿐 생각보다 우리 일상과 가까이 있다. 스마트 스피커는 날씨를 알려주고 음악을 틀어주며, TV 채널을 바꾼다. 스마트 홈 시스템은 실내의 적정한 온도를 유지해주고, 로봇 청소기는 알아서 사물을 피해 다니며 청소한다. 쇼핑몰의 상담사는 챗봇이 대신하고, 내비게이션은 좀 더 빠른 길을 찾아서 목적지에 도착할 수 있도록 알려준다. 휴대폰은 생체 인식으로 비밀번호를 대신하고, 안면인식으로 접수하는 대학병원도 생겨났다. 하지만 인공지능 기술은 대부분 기계에서나 만날 수 있다고 여겼다.

버추얼 인플루언서는 인공지능 기술이 어떤 식으로 우리의 삶 속에 더 깊이 파고들 수 있는지 상징적으로 보여준 사례라고 할 수 있다. 인공지능 기술이 이끄는 변화는 상상보다 더 빠르고 다이내믹하게 우리에게 다가오고 있다.


## ☆ 인간과 똑같이 생각하는 기계


### 인간처럼 생각하고 학습하는 인공지능

사람처럼 생각하는 기계를 만들려는 인간의 야심 찬 계획은 1950년대에 시작되었다. 초기에는 사람의 지식을 기계에 프로그래밍하는 방법을 사용했다. 일종의 주입식인 셈이다. 예를 들어, 강아지 사진 한 장에 강아지의 품종명을 달아 기계에 입력하는 방법으로, 수백 장, 수천 장의 강아지 사진을 입력해서 강아지를 구분하는 식이다. 이러한 방식을 '지식 기반 시스템'이라고 하는데, 지식을 바탕으로 한 1세대 인공지능은 곧 한계에 다다랐다. 똑같은 강아지 품종이라도 생김새가 가지각색인 데다, 각도가 조금만 달라져도 인공지능이 이를 인지하지 못했기 때문이다.

과학자들은 다른 방법을 찾기 시작했다. 기계가 데이터를 학습해 '스스로' 지식을 습득하는 '머신러닝 시스템'을 개발했고, 이 방식은 '딥러닝'을 통해 빠르게 발전하고 있다. 이전처럼 한 장의 사진을 주면서 강아지라고 알려주는 것이 아니라, 수많은 데이터를 컴퓨터가 스스로 학습하고 틀린 답을 내놓으면 그것은 강아지가 아니라고 수정해주는 방식이다. 머신러닝 시스템으로 학습한 기계는 처음에는 오답이 많아도 오류를 수정해 나가는 동안 점차 정확해진다. 이러한 특성 때문에 인공지능에서는 '데이터'가 아주 중요한 자원이다. 세계 인공지능 분야의 리더라고 불리는 'Big 9(구글, 마이크로소프트, 아마존, 페이스북(現 메타), IBM, 애플, 바이두, 알리바바, 텐센트)'의 대부분이 데이터 수집을 바탕으로 하는 플랫폼 기업인 것도 이 때문이다.

## 인간을 뛰어넘는 '슈퍼인텔리전스'의 가능성

2016년 전 세계적으로 화제를 일으켰던 AI 알파고가 세계 바둑 챔피언 이세돌을 이긴 사건이 딥러닝의 결과물이다. 알파고 사건이 특별했던 이유는 인공지능이 인간 수준을 넘어설 수 있다는 것을 분명하게 보여주었기 때문이다. 이전까지 전문가들은 바둑은 그 수가 헤아릴 수 없을 정도로 많아 지금의 인공지능 기술로는 인간을 넘어서지 못할 거라고 간주했

국내에서 개발된 버추얼 인플루언서 '로지'와 영국에서 제작된 버추얼 인플루언서 '슈두'의 협업 이미지. 싸이더스 스튜디오 X 제공.

었다. 하지만 그런 예상을 가볍게 깨고 만 것이다.

머신러닝 방식은 인공지능이 데이터를 가지고 스스로 학습하고, 추론도 가능하기 때문에 수많은 데이터를 관측해 새로운 지식을 만들어 낼 수 있다. 강아지와 고양이를 구분하는 것은 물론, 강아지와 고양이를 합성해 새로운 이미지를 만들어낼 수도 있다.

더욱이 인간의 고유 영역이라고 여겼던 창작 분야에서도 예상을 깨는 일들이 속속 나오고 있다. 이제 인공지능은 세상에 나와 있는 수많은 콘텐츠를 분석해 패턴을 찾아내고 장르에 맞게 작곡을 하고, 소설을 쓰며, 새로운 그림을 그리기도 한다. 개인의 취향, 트렌드도 분석하기 때문에 사람들이 좋아할 만한 것을 만들어낸다. 국내에서도 2021년 인공지능AI 비람풍이 쓴 장편소설 〈지금부터의 세계〉가 출간되어 화제가 되었다. 평론가들은 인공지능의 작품이 특A급은 되지 못해도 B급 작가와 겨

구글 알파고와 이세돌 9단의 대국. 한국기원 제공.

룰 정도는 된다고 평하였다.

인공지능은 잠을 자지 않고, 휴식이 필요하지 않다. 끊임없이 학습할 수 있고, 인간보다 빠르고 정확하며, 완벽하게 기억할 수 있다. 영상 인식, 음성 인식, 기계 번역 등은 최근 몇 년 사이에 놀랄 만한 발전을 이뤘다. 기계 번역의 경우만 보아도 과거 앞뒤 문맥이 연결되지 않던 문장이 이제는 인간 수준과 유사해질 정도로 우수하게 표현된다. 인간이 하는 말을 알아듣고 답하는 음성 인식 기술은 사투리도 알아들을 수 있고, 억양을 통해 사용자의 기분이나 감정도 인식할 수 있게 되었다. 이런 속도라면 모든 면에서 인간의 지능을 뛰어넘는 '슈퍼인텔리전스 Superintelligence', 즉 초지능의 출현도 머지않아 보인다.

## ☆ 한계가 없는 인공지능, 우려 반 기대 반

**인공지능 기술의 발전은 현재 진행형**

인공지능 기술의 한계가 어디까지인지 한정하기는 어렵다. 인간의 뇌가 여전히 미지의 영역인 것처럼 인공지능의 디지털 뇌 또한 발전 가능성이 무궁무진하다. 현재 인공지능 기술은 인간의 뇌로 봤을 때 아직 어린아이 수준에 불과하다. 하지만 오랜 훈련과 교육을 거쳐 인간의 뇌가 발달하듯, 디지털 뇌는 딥러닝을 통해 계속 발전하고 있다.

더욱이 디지털 뇌는 간단한 방법으로 기억을 축적하고 기술을 획득하기 때문에 훨씬 효율적으로 발달한다. 인간처럼 생사가 없으므로 아기 때부터 지식을 다시 익혀야 할 필요도 없다. 따라서 시간적, 질적, 양적으로 고도의 학습을 이어갈 수 있는 디지털 뇌가 어느 수위에 이르면 급작스럽게 인간을 능가한 초지능으로 나아갈 가능성도 있다. 이때의 인공지능은 너무나 강력해 인간의 능력으로는 넘볼 수 없을 정도로 폭발적일 수 있다.

먼 미래에는 인공지능 스스로 가치를 정하고, 의사결정을 내릴 능력이 생겨 인간 중심적인 목표와는 전혀 다른 목표를 세우고, 그 목표를 달성하기 위해 나아갈 수 있다. 힘이 약할 때는 인간에게 도움이 되지만, 힘이 강해지면 경고 없이 인공지능 스스로 행동할 수도 있다. 인간이 지구에 도움이 되지 않는다고 여기면 영화에서처럼 인간을 말살하거나 통제하려는 일이 벌어질지도 모른다. 하지만 이런 우려에도 불구하고 과학자들은 여전히 인공지능을 통제할 수 있다고 믿는다. 즉, 인류의 운명을 장악하지 않고, 도덕적으로 옳은 판단을 내릴 수 있는 인공지능을 만들 수

있다고 믿고 있다. 그리고 이런 믿음에 근거해 인공지능 기술에 많은 자본과 인력이 몰리고 있다.


## 인공지능이 꽃피는 다양한 응용 분야들

인공지능이 바꾸는 미래는 어떤 모습일까? 인간을 도와주고 보조하는 도구로 남을까? 일자리를 빼앗고 인간을 위협하는 존재로 변할까? 인공지능을 이야기할 때, 사람들은 인공지능이 발전할수록 일자리를 잃게 될 거란 우려를 해왔다. 인공지능을 탑재한 자동번역 서비스가 번역가(통역가)를 대체하고, 기사 작성 인공지능 프로그램으로 인해 기자의 입지가 줄어들 거라고 걱정했다. 의사보다 더 똑똑하고 암기 잘하는 인공지능이 더 정확한 진단을 내리면 의사의 역할이 줄어들 거라고 예상했다.

하지만 현재 인공지능은 기존의 직업을 사라지게 하는 대신 업무를 도와주는 스마트한 기술로 적극 활용되고 있다. 인공지능이 할 수 있는 일과 인간이 할 수 있는 일이 구분되면서 협업을 통한 효율적인 일 처리가 가능해지고 더 우수한 성과를 얻을 수 있게 되었다. 더욱이 인공지능 기술을 둘러싼 새로운 직업이 등장하고, 인공지능 기술을 적극적으로 응용하는 영역에서는 전에 없던 새로운 일자리가 생겨나고 있다.

인공지능과 관련된 가장 대표적인 직업으로는 '인공지능 개발자'가 있다. 인공지능 개발자는 말 그대로 인공지능 기술을 개발하는 연구자로, 인간에 대한 이해를 바탕으로 컴퓨터와 로봇 등이 인간과 같이 사고하고 의사 결정할 수 있도록 인공지능 알고리즘 또는 프로그램을 개발한다. 인공지능 개발자들은 인공지능 기술과 밀접한 응용 분야에서 활동한다. 로봇을 비롯해, 자율주행차, 드론, 의료, 보안, 빅데이터, 디지털 마케팅, 스마트시티 등 인공지능 기술을 적용하는 영역은 계속 확장 중이다.

## 인공지능 기술을 제패하는 자, 미래를 제패한다

인공지능 뇌를 탑재하고 사람의 모습을 한 '휴머노이드 로봇'은 앞으로 '1가구 1로봇 시대'를 열 핵심키가 될 전망이다. 자율주행차의 경우, 자동차에 인공지능 기술을 탑재함으로써 전방의 사물을 감지해 스스로 멈추고, 속도를 높이고, 끼어들기를 하는 등 운전기술을 대체해주고 있다. 의료현장에서는 영화 '앤트맨'처럼 작은 기계를 혈관 속으로 흘려보내 질병을 치료하는 방법을 찾고 있다. 감정을 느끼는 감성 로봇이나 개인비서 로봇이 대중화되고, 의료용 웨어러블 기기로 정밀하게 건강을 관리할 수 있는 시대도 멀지 않았다. 안면인식과 지문 등 생체 인식으로 통행증을 대신하고 이를 통해 범죄가 완전히 사라지는 세상이 그려지고 있다. 지구의 마지막 자원이라고 꼽는 바다를 개발할 수 있는 무인정도 개발되고 있으며, 생각만으로 사물을 제어할 수 있는 기술 개발에도 박차를 가하고 있다.

현재 각국은 인공지능 기술을 선점한 나라가 전 세계를 지배할 수 있다고 생각해 인공지능 기술에 사활을 걸고 있다. 몇 년 전만 해도 인공지능 기술은 미국이 앞서고 있었지만, 코로나 시대를 지나면서 중국이 미국을 앞지르기 시작했다. 중국은 초등학교 때부터 인공지능 과목을 의무 교육으로 가르친다. 우리나라에서도 코딩 교육을 시작으로 인공지능 기술과 친숙해지기 위한 교육이 이뤄지면서 미래에 대비하고 있다. 청소년뿐 아니라, 성인을 대상으로 한 교육도 활발해서 인공지능과 인접하거나 그렇지 않은 분야의 인력까지도 새로운 영역에 도전할 기회를 만들어가고 있다.

　　인공지능 기술은 인간에게 큰 도움과 도전거리를 던져준다는 점에서 많은 관심과 공부가 필요한 영역이다. 특히, 인간의 지능을 투영하므로 인간 문제를 해결하는 데도 적극 응용할 수 있다. 사회적으로 해결하기 힘든 기후 문제나 식량 문제, 빈부격차, 사회적 갈등 해결 등에도 인공지능 기술이 기여할 수 있다. 그리고 그 해결책은 '인공적인 지능'이 아닌 인공지능 기술을 연구·개발하고 응용하는 '인간의 지능'에 달려있다.

# 미래직업 하이라이트

☐ 인공지능 전문가

인간에 대한 이해를 바탕으로 컴퓨터와 로봇 등이 인간과 같이 사고하고
의사결정할 수 있도록 인공지능 알고리즘 또는 프로그램을 구현하는 기술을
개발한다. 연구자들은 인공지능을 개발하기 위하여 실제 다양한 분야의
소프트웨어를 개발한다.

☐ 인공지능 서비스 컨설턴트

고객이나 파트너의 요구사항에 맞는 적절한 인공지능 서비스를 제안한다.
고객이 필요로 하는 인공지능 프로그램을 개발하고, 고객 맞춤형 인공지능
서비스와 프로그램 판매를 위한 영업을 하기도 한다.

☐ 비전 인식 전문가

미래에는 자율주행 자동차나 로봇의 활용이 대중화될 것이므로 영상 데이터의
중요성도 커질 전망이다. 비전 인식 전문가는 자율주행 자동차나 로봇 등이
도심이나 가정에서 수집한 각종 영상 데이터를 인식해 축적하고 의미를
해석하는 알고리즘을 개발한다.

☐ 예측 수리 엔지니어

인공지능 기술을 활용해 이상 징후가 감지된 설비를 고장 전에 유지 보수한다.
인공기능 기술 덕분에 고장을 미리 예측할 수 있으므로 설비가 멈추는 것을 막고
설비가동률을 개선할 수 있다.

☐ 오감 제어 전문가

오감을 활용해 가상현실 프로그램을 만들고, 가상공간 내 사물을 이질감 없이
조작할 수 있는 기술을 개발한다. 가상현실이 3D를 넘어 사용자를 위한 맞춤형
수준으로 발전하려면 인공지능 기술을 적용한 발전이 필수적이다.

☐ 인공지능 윤리 검수사

인공지능 기반의 제품과 서비스를 기획, 디자인, 개발, 출시, 운영하는 전
과정에서 인공지능의 윤리와 안전 부문을 확인하고 검수, 인증하는 업무를 한다.

☐ 사이버 재난 예보관

사이버 불확실성에 대비하기 위해 사이버 재해를 모니터링, 탐지, 예측하는 일을
한다. 빅데이터 분석과 인공지능 기술을 십분 활용해 예측하기 힘든 재난상황을
감지하고 예방하는 중요한 역할을 한다.

*미래직업 하이라이트 내용은 한국고용정보원 워크넷(www.work.go.kr)의 직업정보를 참조해 작성하였다.

## 인공지능도 편견(편향성)이 있다?

인공지능 알고리즘도 인종이나 나이, 성별 등에 대한 편견이나 정치 성향을 가질 수 있다.
인터넷 포털 검색창에 '기업경영자'를 검색하면 주로 남자 이미지가 검색되고, '미인'을
검색하면 주로 금발의 백인 젊은 여성이 검색되는 식이다. 알고리즘의 편향성은 자라나는
세대와 사람들에게 부지불식간에 편견을 주입할 수 있으므로 위험하다. 이와 같은
인공지능 알고리즘의 편향성 문제는 어떻게 해결할 수 있을까?

## 챗봇은 어떤 원리로 작동할까?

최근 기업이나 기관에서 상담할 때 챗봇을 사용하는 곳이 증가하고 있다. 챗봇은
인공지능, 시나리오, 음성인식, 자연어처리 등 기반 기술에 따라 종류가 구분된다. 이중
고객 응대에 가장 뛰어난 챗봇은 자연어처리(NLP, Natural Language Processing)
기술을 기반으로 한 것이다. 자연어처리란 인간이 오랫동안 사용한 '자연어'를 컴퓨터
시스템이 알아들을 수 있도록 자동으로 문장과 형태소 등을 쪼개고 적절하게 판단 및
분석하는 기술로 이는 머신러닝을 통해서 이루어진다. 다양한 단어와 이 단어들이 어떻게
이루어지는지 문장, 문단 등을 머신러닝 엔진에 집어넣어 패턴을 찾아내는 것이다.
대부분의 챗봇은 어떤 목적을 달성하기 위해 시나리오 또는 플로우(flow)에 따라 고객을
응대하는데, 자연어처리 기술 중점의 챗봇은 이와는 형태가 조금 다르다. 고객이 단어나
문장 등 자연어를 입력하면 이를 이해하고 알맞은 답변을 한다. 자연어처리 기술을
기반으로 하는 챗봇은 이제 인간과 똑같을 정도의 상담을 할 수 있을까?

## 딥페이크, 나쁜 점만 있는 것일까?

'딥페이크(Deepfake)'란 '딥러닝(Deep learning)'과 '페이크(Fake)'의 합성어로 인공지능 기술을 이용해 제작한 가짜 동영상 또는 제작 프로세스를 일컫는 말이다. 주로 포르노 영상에 유명인이나 일반인의 얼굴을 합성해 유포되는 경우가 많다. 심지어는 순국열사나 고인이 된 유명인의 얼굴이 사용되기도 해서 논란이 되기도 했다. 그러나 딥페이크 기술이 나쁜 쪽으로만 활용되는 것은 아니다. 유관순이나 윤봉길 의사, 안중근 의사 등 순국열사의 모습을 되살려 역사에 대한 접근을 용이하게 하거나 고인이 된 가족의 모습을 살려 유족들에게 감동을 주기도 하고, 다큐멘터리 방송 등에서 범죄 피해자에 가상의 얼굴을 입혀 개인의 신변을 보호함과 동시에 생동감 넘치는 방송으로 범죄에 대한 경각심을 일으키기도 한다. 기술은 인간이 어떻게 사용하는지에 따라 유익하게도, 나쁘게도 활용될 수 있다. 인공지능 기술의 장단점을 생각해보고 미래에 도움이 되는 인공지능 활용사례를 상상해보자.

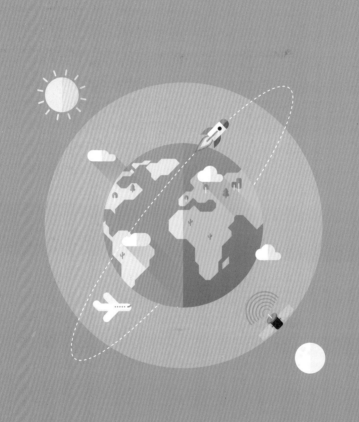

# 05

## 기회의 공간, New Space
# 우주

인간에게 지구는 좁은 영역이 되었다. 인간의 욕망은 둥실 떠올라
지구의 대기권 밖으로 나아가고 있다. 야금야금 우주를 정복하고자 하는
세계 기업의 프로젝트는 이미 시작되었다.

글 / 최화영

## ☆ 더는 미지의 세계가 아닌 우주

**어디까지가 하늘, 어디서부터 우주일까?**

영화 '패신저스'는 주인공이 우주선을 타고 제2의 지구로 가던 중 동면 상태에서 깨어나 우주선에서 생활하는 이야기이다. 지루한 생활을 이어가다 우주복을 입고 우주선 밖으로 나가 자유롭게 우주유영을 하는 모습은 우리에게 우주여행에 대한 아름다운 환상을 심어준다.

우주여행! 미국항공우주NASA의 과학자들만 가능할 것 같았던 여행의 문이 이제 민간에도 열렸다. 비록 그 모습이 아직 우리의 상상과는 다르지만 말이다.

우주여행을 이야기하기 전 하늘의 끝은 어디고 우주의 시작은 어디인지 생각해보자. 우주에 시작과 끝이 과연 있기는 한 걸까? 결론부터 말하자면 아직 국제적으로, 또는 공식적으로 우주의 시작점에 대한 합의는 이루어지지 않았다. 현재 국제항공연맹FAI은 헝가리 출신 미국 물리학자 데어도어 폰 카르만이 정의한 '카르만 라인Karman Line'을 지구와 우주를 나누는 기준으로 보고 있다. 카르만 라인은 고도 100km이다. 카르만 라인 이상으로 고도가 높아지면 비행기나 우주선이 물체의 관성 혹은 작용-반작용만으로 비행이 가능한 무중력 공간이 펼쳐진다. 즉, 지구의 중력이 더는 존재하지 않는 무중력 공간의 시작을 우주의 시작으로 삼자는 것이다.

하지만 2018년 카르만 라인을 인공위성이 궤도를 유지할 수 있는 80Km로 재설정해야 한다는 하버드대 조너선 맥도웰 천체물리학 교수의 논문이 발표되었다. 국제항공연맹도 우주가 약 80km 상공에서 시작되어야 한다고 발표하며 우주의 시작점에 대한 논의가 활발하게 이루어지고 있다. NASA와 미국 공군 등에서도 인공위성이 궤도를 유지할 수 있는 최소 고도를 근거로 고도 80km를 우주의 경계로 보고 있다. 아직 우주의 시작점에 대한 합의는 이루어지지 않았지만, 우주선을 타고 고도 80~100km까지 올라간다면 우주여행을 했다고 말할 수 있을 것이다.

## 최초의 민간인 우주 관광은 250억 원짜리 여행

2021년 7월, 미국 우주기업 버진갤럭틱Virgin Galactic과 우주 탐사기업 블루오리진Blue Origin 사가 본격적인 우주 관광여행의 막을 올렸다. 버진갤럭틱은 버진그룹의 리처드 브랜슨 회장과 직원 3명, 그리고 조종사 2명 등

총 6명을 태우고 우주여행에 성공했다. 아마존 설립자 제프 베이조스가 설립한 블루오리진도 우주여행에 성공했다. 블루오리진의 우주선에는 민간 고객인 18세 청년과 82세 할머니도 함께 탑승했다. 테슬라 창업자 일론 머스크가 인솔하는 민간 우주개발업체 스페이스엑스SpaceX도 2021년 9월 민간인 4명을 태운 지구 순회 여행을 최초로 성공했다. 1회 여행 비용이 2~3억 원 이상이므로 일반인이 꿈꾸기에는 아직 진입 장벽이 높지만, 민간 비행체를 타고 대규모 우주여행을 할 수 있게 되었다는 사실만으로 보았을 때 우주 관광여행을 할 수 있는 날이 성큼 다가온 것만은 분명하다.

사실 민간인 우주여행은 2021년 처음 시작된 것이 아니다. 러시아에서는 2001년부터 2009년까지 총 7명의 민간인을 소유스 우주선에 태워 국제우주정거장에 머물게 하는 관광 상품이 있었다. 약 일주일 정도 우주정거장에 머무는 비용은 우주선 비용을 포함하여 2,000~2,500만 달러(약 230억~300억 원) 성도로 엄청난 부자들만 할 수 있는 여행이었다. 세계 최초로 우주 관광을 한 민간인은 2001년 미국의 사업가 데니스 티토이다. 그는 2,200만 달러(약 260억 원)를 내고 우주여행을 했다.

## 우주여행에도 종류가 있다?

NASA에서는 2021년부터 민간인이 국제우주정거장에 체류할 수 있도록 하는 계획을 발표했다. 비용은 1인당 하루 4천만 원 수준이다. 우주선을 이용하여 국제우주정거장까지 이동하는 비용은 별도이니 총 여행경비는 더 늘어날 것으로 보이지만, 그럼에도 기술이 급격하게 발전하며 3D프린터를 이용한 우주선 제작, 우주선 발사체 재활용 등으로 우주여행 경비는 점차 줄어들 것이라 기대하고 있다.

실현 가능한 우주여행은 세 가지로 구분할 수 있다. 우선 최근 성공한 버진갤럭틱과 블루오리진처럼 카르만 라인 근처까지 올라가서 무중력을 체험하고 우주선 창문을 통해 지구의 모습을 보고 돌아오는 '준궤도Sub Orbital' 여행이 있다. 다음으로 우주선을 타고 지상 400km 높이까지 올라가 국제우주정거장처럼 지구 주변을 도는 체류형 관광인 '궤도Orbital' 여행도 곧 가능해질 것으로 보인다. 로켓에서 생활하며 달을 탐사하고 돌아오는 '탐사형Exploring' 관광도 훗날 가능해질 것으로 기대되고 있다.

*"불가능이 무엇인지 설명하는 것은 어려운 일이다.*
*어제의 꿈은 오늘의 희망이며, 내일의 현실이 될 수 있기 때문이다."*
*- 로켓과학의 선구자 로버트 고더드*

블루오리진의 민간 우주정거장 '오비탈 리프' 상상도. 블루오리진 제공.

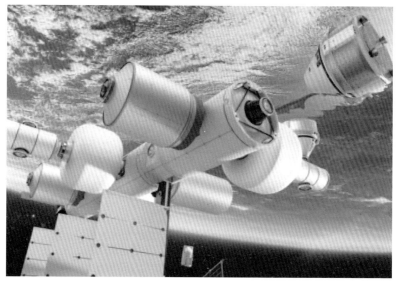

# ✬ 우주만큼 무궁무진한 우주 관련 직업

**우주로 향한 인류의 노력은 계속되고 있다**

*"이 첫걸음은 한 인간에게 있어서 작은 발걸음이지만,*
*인류 전체에게 있어서 커다란 첫 도약입니다."*
- 닐 올던 암스트롱

    우주 기술은 항공과 통신 등 관련 산업에서 큰 기술발전을 이루었으며, 인류의 일상을 한층 더 편하게 만들었다. 이 때문에 세계 각국은 최첨단 기술 개발을 위해 우주 산업에 적극적인 모습을 보이고 있다.

    세계 최초로 우주에 인공위성을 발사한 깃은 1957년 10월 4일, 구소련의 스푸트니크 1호였다. 스푸트니크 1호는 직경 58cm의 구 형태에 안테나를 달고 3개월 동안 우주에서 작동했다. 이후 구소련은 사람을 우주로 보내기 위해 꾸준히 우주 연구를 진행해왔고, 1961년 보스토크 1호가 유리 가가린을 태우고 우주로 떠났다. 소련에 자극을 받은 미국도 우주 탐사에 거액을 투자하며 우주 연구를 추진해왔고, 유럽과 중국 등 여러 나라에서도 우주 개발에 열정을 보이고 있다.

    우리에게 가장 익숙한 우주인 하면 닐 암스트롱이 떠오른다. 그는 1969년 달 표면을 2시간 반 동안 탐사했고, 이 시간 동안 달 표면의 모래와 암석을 모으는 한편 지진계 등을 설치해 놓은 후 5일 뒤 무사히 지구로 돌아왔다. 그로부터 2년 뒤인 1971년 구소련의 살류트 1호 발사로 우주정거장 시대가 열리고, 인간이 우주에서 장기 체류하는 것이 가능해졌다. 1978년에는 살류트 6호를 통해 체코인이 우주인이 되었고, 동유럽과 몽고, 쿠바, 베트남 등 다양한 나라에서 우주인이 탄생하였다.

　구소련은 이미 1960년대에 여성 우주인을 배출하였으며, 미국은 1980년대에 여성과 흑인 우주인을 탄생시켰다. 이렇게 우주 기술은 점진적으로 발전하였으며, 1986년에 발사된 러시아의 미르 우주정거장에는 15년 동안 12개국 125명의 우주인이 방문하였다.

　우리나라도 우주 기술을 개발하고 있다. 2021년 10월, 순수 우리 기술로 개발한 첫 번째 우주 발사체 누리호를 쏘아 올렸다. 우리나라가 처음으로 발사체를 쏘아 올린 것은 2013년, 나로호였다. 나로호는 개발 과정에서 러시아의 도움을 받았기 때문에 독자 기술로 개발된 누리호 발사는 더욱 의미가 크다. 이번 발사에서 비록 위성 모사체를 궤도에 안착시키지는 못했지만 목표 과제의 99%를 달성하는 성공을 거뒀다. 아직은

**억만장자들의 우주 관광 스타워즈**

| 2021. 7 | 2021. 7 | 2021. 9 | 2022 | 2023 |
|---|---|---|---|---|
| 리처드 브랜슨 영국 버진그룹 회장 등 6명, 버진 갤럭틱의 유니티 우주선 타고 86km까지 올라감 | 제프 베이조스 아마존 창업자 등 4명, 블루 오리진의 뉴셰퍼드 로켓 타고 100km까지 올라감 | 일론 머스크 테슬라 창업자의 스페이스엑스 크루 드래건에 민간인 4명 태우고 540km 상공서 지구 궤도 선회 | 스페이스엑스와 액시엄 스페이스 크루 드래건에 민간인 3명 태우고 국제우주정거장행 | 스페이스엑스 스타십 우주선에 일본 억만장자 마에자와 유사쿠 등 8명 태우고 달 궤도 선회 예정 |

세계적인 우주 산업에서 우리나라가 차지하는 비중이 크지 않지만, 향후 국내 기술로 우주 발사체를 궤도에 성공적으로 안착시킨다면 독자적인 기술로 발사체를 제조할 수 있는 국가 반열에 오르게 되고, 우리 국민의 우주여행도 가능해질 것이다.


## 우주 상품을 계획 중인 세계의 기업들

우주여행을 하기 위해서는 많은 장치가 필요하므로 그와 관련한 일자리도 생겨날 것이다. 우주여행 관광 패키지상품이 다양하게 개발·운영될 수 있고, 안전을 위한 보험이 필요할 수도 있다. 우주여행을 위한 맞춤 패션, 우주선 내에서 먹을 특별한 식량이 필요할 수도 있다. 혹은 우주여행을 떠나지 못하는 사람의 대리만족을 위해 영화 '토털 리콜'처럼 VR방 등이 성행할 수도 있다.

버진갤럭틱은 2020년 디즈니 파크Disney Parks의 사장으로 경력을 쌓은 마이클 콜글래지어를 새로운 CEO로 맞았다. 그는 "단순한 우주여행이 아니라 고객에게 잊지 못할 평생의 추억을 만드는 경험을 제공할 것이다"라고 강조했다. 우주여행을 위한 교육 오리엔테이션, 우주복 착용, 기념 영상 촬영 등 아직은 상상하기조차 어려운 기억에 남을 만한 상품을 개발하고 운영하는 인력 수요가 늘어날 것으로 상상해볼 수 있다.

우주여행 기술이 더욱 발전하게 된다면 우주호텔에 대한 수요가 증가할 수도 있다. 미국 캘리포니아에 있는 게이트웨이 재단Gateway Foundation은 2025년까지 세계 최초의 상업용 우주호텔을 열겠다는 계획을 발표했다. 게이트웨이 재단에서 준비하고 있는 우주호텔은 현재의 우주정거장과 유사한 개념으로, 지구 주변 궤도를 따라 돌 것이라고 한다. 고객은 우주선을 타고 호텔까지 이동하여 호텔에 머물면서 우주를 탐험할 수 있다. 호텔 내부는 고급 크루즈선처럼 수영장, 칵테일 바, 레스토랑, 영화관 등의 시설을 갖출 예정이다. 우주호텔이 개장하면 매주 100명의 손님이 투숙할 수 있으니 이를 관리하는 우주호텔 직원에 대한 수요도 생길 것으로 예상된다.

## 우주호텔, 우주 엘리베이터… 다양해지는 우주여행 상품

로켓이나 우주선을 타지 않고도 우주여행이 가능해질 수 있다. 다양한 방법, 다양한 가격으로 우주를 여행하는 것이다. 미국의 우주여행 전문 신생 스타트업인 스페이스 퍼스펙티브Space Perspective 사는 30km까지만 날아오르는 1억 원 이하의 보급형 우주 관광 상품을 발표했다. 무중력 체험은 할 수 없지만 대기권의 경계와 지구의 곡면을 눈으로 직접 볼 수 있는 경험을 제공한다. 캐나다의 토트X 타워ThothX Tower 사는 20km 높이의 엘리베이터를 타고 올라가 우주선을 이착륙시키는 방식을 개발해냈다.

　　버진갤럭틱 회장은 10년 안에 우주여행 가격을 4만 달러(약 4,500만 원)까지 내릴 수 있을 것이라고 했다. 우주여행이 보편화되려면 무엇보다 가격이 낮아져야 한다. 로켓을 재활용하고 3D프린터 등을 통해 대량으로 생산할 수 있게 되면 자연스레 비용은 내려갈 것이고, 많은 업체가 우주여행에 투자한다면 비용은 더욱 경쟁적으로 낮아질 것이다. 앞으로 10년 후면 우주여행이 보편화될지 모를 일이다.

## 날아다니는 노다지, 황금알을 낳는 인공위성산업

사실 우주 관광보다 수익이 높은 사업은 지구 주변에 위성을 띄우고 인터넷 서비스를 하는 우주 인터넷 사업이다. 현재 일기예보와 내비게이션이 가능한 것은 우주에 있는 인공위성 덕분이다. 지구 주위를 계속 회전하는 인공적인 위성인 인공위성은 지구를 바라보며 임무를 수행하는 것과 지구 바깥쪽, 즉 우주를 바라보며 임무를 수행하는 것 두 가지로 나눌 수 있다. 지구를 바라보는 인공위성은 지구관측·통신·기상예보·지구과학 연구 등의 역할을 하고, 우주를 바라보는 인공위성은 우주과학 및 태양계 행성 탐사 등의 역할을 한다. 초속 7.9km로 움직이는 인공위성이 지구 한 바퀴를 완주하는 시간은 98분이며, 2021년  지구 위에 떠 있는 인공위성은 2,000~3,000개 정도이다.

자율주행, 내비게이션 맵, 날씨, 안보, 소비자의 생활·쇼핑 패턴 분석 등에 이용할 수 있는 위성의 역할은 미래에 더 중요할 것이라는 예측이다. 영국의 위성 인터넷 업체 원웹OneWeb과 스페이스엑스는 전 지구적 초고속 인터넷망을 구축하는 '스타링크' 프로젝트에 뛰어들었다. 원웹은 2021년 10월 기준 총 358기의 위성을 발사한 상태이며, 연말까지 총 648기를 발사할 예정이다. 스페이스엑스는 2020년 서비스를 시작해 이미 1,700개 이상의 스타링크 광대역 위성을 발사했다. 그리고 2027년까지 1만 2,000여 개, 최종 4만 개의 위성을 발사해 전 세계 위성인터넷을 구현한다는 계획이다.

인공위성과 관련한 부수적인 산업은 우주쓰레기 산업이다. 인공위성도 기계인지라 소모품이다. 현재 수명을 다한 위성의 잔해 75만 개 이상이 지구를 공전하고 있다. 이러한 우주쓰레기는 앞으로 더욱 늘어날 예정으로 유럽우주국ESA은 스위스 민간 우주 청소기업인 클리어스페이스ClearSpace에 1억 400만 달러(약 1,230억 원)에 우주쓰레기 제거를 의뢰했다. 클리어스페이스는 2025년부터 우주쓰레기를 끌어내리는 작업에 착수할 계획이다. 우주쓰레기는 지구 대기권으로 끌어내리면 마찰열에 의해 대부분 공중에서 소멸된다.

'21세기형 신대륙'이라 불리는 소행성 산업도 천문학적 가치가 있다고 평가된다. 화성과 목성 사이에는 23만 개가 넘는 소행성이 있지만, 현재 쉽게 파악할 수 있는 소행성은 1,500여 개 정도이다. 이 중에는 금, 철, 니켈 등 산업적 가치가 있는 금속이 묻힌 행성이 다수 있으며, 그 가치는 약 1천경 달러(113해 원)로 예측하고 있다. 물론 아직은 우주로 나가 채굴하는 데 어려움이 있지만, 인류는 늘 안 된다고 했던 것을 가능하게 만들어왔다. 영화 '아바타'를 만든 제임스 카메론 감독과 구글의 공동 창업자인 래리 페이지도 소행성 탐사기업에 투자했다.

미래의 화성 기지에 착륙하는 스타십 상상도. 스페이스엑스 제공.

## 다양한 학문이 융합된 항공우주 분야

우주와 관련된 직업에는 어떤 것들이 있을까? 항공우주 분야는 기계공학의 한 분야로 그 영역이 매우 다양하다. 항공우주공학은 지구 대기권과 우주 공간을 비행하는 항공기, 미사일, 우주선, 인공위성 등을 설계, 제작 및 성능시험에 관련된 분야를 종합적으로 연구한다. 관련 직업에 종사하게 되면 비행기를 비롯하여 인공위성, 헬리콥터, 미사일, 우주 비행체 등의 운용에 필요한 물리적 현상을 분석하고, 설계 및 제작하는 일을 한다.

　　관련 직업으로는 인공위성을 개발하고 발사된 인공위성을 관리하는 '인공위성 개발자'와 인공위성 관제와 궤도·상태 등 이상을 살피는 '인공위성 관제원', 인공위성의 움직임과 우주 환경을 분석하는 '인공위성 분석원', 인공위성을 발사하기 위한 발사체를 연구하는 '발사체 기술

연구원', 우주 발사체의 추진기관을 연구·개발하는 '발사체 추진기관 연구원' 등을 생각해볼 수 있다.

항공우주 분야에서 대표적인 인공위성 개발 및 관리의 경우, 전체 하드웨어의 60% 이상이 전자부품이기 때문에 전자공학을 공부하면 진출하기에 유리하다. 한편, 미국 항공우주국 NASA에는 수많은 로봇공학자와 생명공학자도 일하고 있다. 우주 탐사를 위하여 사람이 갈 수 없는 곳에는 로봇을 보내야 하므로 로봇 연구가 필요하고, 인간이 우주에 나갔을 때 인체가 어떻게 변하는지 알고 대비하기 위해서는 생명공학과 첨단의학도 필요하기 때문이다.

우주는 여전히 그 끝을 알 수 없다. 그렇지만 과거처럼 완전한 미지의 세계는 아니다. 우주는 '인류의 마지막 투자처'라고 불릴 만큼 개발의 여지가 무궁무진하다. 21세기의 골드러시, 우주로 가는 길에 동참을 서둘러야 하는 이유다.

# 미래직업 하이라이트

☐ 우주전파 예보관

태양활동으로 발생하는 우주전파의 사회·경제적 피해를 최소화하기 위해 항공, 해상, 통신, 위성, GPS, 전력 등의 분야에서 발생할 수 있는 우주전파의 영향을 예측하여 예·경보를 발표한다. 무선통신과 인공위성에 대한 의존도가 점점 높아지고, 전파를 기반으로 하는 서비스나 첨단 시스템 및 전자기기의 수요가 큰 만큼 우주전파 환경 연구의 중요성은 더욱 증가할 것으로 보인다.

☐ 우주센터 발사 지휘 통제원

우주 발사체의 발사 준비 진행 과정을 점검하고 발사 지휘센터, 발사체 통제센터, 비행안전 통제센터 등 발사 및 발사체 추적과 관련된 통제시설에서 발사 임무와 관련된 운용 작업을 총괄 지휘한다. 발사체의 최종 발사 여부를 결정하기 위하여 발사 준비 상황, 해상 및 공중의 안전 통제정보, 기상정보, 비행경로 추적 등 발사업무와 연계된 상황을 종합적으로 판단하여 결정하는 역할을 한다. 발사체가 비행을 시작한 직후부터 임무를 종료하기까지 비행안전과 관련된 모든 업무를 담당하며, 이를 위해 실시간으로 우주 발사체의 상태정보와 비행상황정보를 감시하는 일을 한다.

☐ 천문학 연구원

지구를 포함한 우주 전체와 별, 태양 등을 관측하거나 인공위성 등을 통해 수집된 관측자료를 분석하여 이론을 개발한다. 또 광학망원경, 전파망원경 등 천문학 기기의 개발과 한국우주전파관측망 등 시스템을 구축한다. 일월출몰 시각, 각 행성의 위치 출몰시각, 음양력 대조표 등을 수록한 역사를 발간하기도 하며, 우리나라 고대 천문유물을 복원하고 고대 천문 관련 기록에 관한 연구를 수행하기도 한다. GPS를 활용하여 지구자전, 지각운동, 대류층 및 이온층 등에 관한 연구도 수행한다.

### ☐ 인공위성 개발원

인공위성, 발사체와 같은 비행체의 개발·제작·운용에 관하여 연구·설계하고
이들의 제조 및 운용을 지휘·통제·조언한다. 인공위성을 개발하고 운용하는 데는
다양한 학문과 첨단기술이 복합되어야 하며 우주항공학부터 재료공학, 물리학,
화학, 제어계측, 전자공학 등 자연계열과 이공계열의 다양한 학문적 지식과
기술이 필요하다.

### ☐ 발사체 기술 연구원

우주 발사체를 연구·개발하고 재료시험, 단분리시험, 조립모델시험 등
각종 시험을 수행한다. 발사체의 시스템을 설계하고, 시험 및 평가관리,
발사체시스템 체계(기계, 전기, 지상)통합 및 발사시험 운용에 대해 연구한다.
발사체의 구조, 전자, 제어시스템, 유도조정컴퓨터를 설계 및 개발한다. 발사체
파이로테크닉장치, 추력기 관련 기술개발을 수행하며, 외형 설계, 공력 분석 및
풍동시험 등 다양한 시험을 한다. 또한 열환경 설계 및 열 제어부를 개발하고
발사체의 경량화 및 고성능화를 위한 첨단소재를 연구하고 분석하기도 한다.

### ☐ 발사체 추진기관 시험원

우주 발사체의 고성능 액체로켓엔진 성능 및 안전성을 평가한다.
액체로켓엔진의 개발을 위한 지상연소시험을 통해 시험데이터를 계측한다.
고연소효율 분사기 개발을 위한 수류시험과 광계측 시험을 하고, 데이터 수입
및 분석기능을 갖춘 시스템을 이용해 획득된 데이터를 프로그램에 측정하고
저장하는 일을 한다.

*미래직업 하이라이트 내용은 한국고용정보원 워크넷(www.work.go.kr)의 직업정보를 참조해 작성하였다.

# 과학강의실

## 우주에 정말 생명체가 살고 있을까?

은하계에만 4천억 개가 넘는 항성(스스로 빛과 열을 냄. 태양 등)이 있고, 그에 딸린 행성(항성 주위를 돎, 스스로 빛을 내지 못함. 지구 등)도 아주 많다. 우주에 지구 말고 생명체가 살고 있을 것인가라는 질문은 우주라는 존재가 밝혀지고 난 이후 지금까지 궁금증으로 남아 있다. 생명체가 살 수 있기 위해서는 표면이 딱딱한 암석으로 되어 있어야 하고, 지구와 비슷한 크기여야 한다. 지구보다 3~4배 이상 크면 생명체가 살 수 있는 육지나 바다가 존재하지 않을 수도 있기 때문이다. 2017년 과학자들은 지구와 비슷한 크기의 행성을 가지고 있는, 태양계와 비슷한 '트라피스트-1'이라는 행성계를 찾아냈다. 트라피스트-1은 인류가 찾아낸 4000여 개의 외계 행성 중 생명체가 살고 있을 가능성이 가장 큰 곳으로 꼽히고 있다. 그러나 이 역시 지구를 기준으로 하였을 때의 이야기로 인류는 아직 외계 행성을 한 번도 경험해보지 못했다. 천문학은 인류의 학문 중 가장 오래된 분야에 속하지만, 외계 행성을 처음 발견한 것은 1992년이다. 아직은 걸음마 단계로 갈 길이 멀다. 외계생명체가 먼저 찾아오지 않는 이상은.

## 우주선의 최초 탑승 생명체는 인간이었을까?

우주선은 사람의 탑승 여부에 따라 무인과 유인으로 나뉜다. 무인과 유인 우주선의 제작 기술에는 엄청난 차이가 있다. 우주비행사가 살아서 돌아와야 하기 때문이다. 지금까지 자력으로 유인 우주선을 제작한 나라는 미국, 러시아(구소련), 중국 세 나라밖에 없다. 그렇다면 우주선에는 처음부터 사람을 태웠을까? 당연히 그렇지 않다.
과학자들은 사람을 우주선에 태우기 전, 우주에서 생명체가 살 수 있는지 확인하기 위해 벌레, 강아지, 거북이, 도마뱀 같은 다양한 동물을 올려보냈다. 마지막 실험 대상은 인간과 가장 유사한 동물인 침팬지 햄(Ham)이었다. 1961년 햄은 250km까지 날아올랐다. 그리고 약 16분 동안 우주를 여행했다. 햄은 램프가 깜빡이면 레버를 당기도록 훈련되어 있었는데 레버를 당기지 못하면 전기 충격이 가해졌고, 레버를 당기면 햄이 좋아하는

바나나가 나왔다. 비좁은 캡슐 안에 갇힌 햄은 우주에서 이러한 과정을 수행하였고,
인지능력이나 운동능력도 크게 감소하지 않았다. 그리고 두 달 반 뒤 인간을 실은
우주선을 쏘아 올렸다. 당시 미국 언론은 햄을 우주 영웅으로 표현했고, 햄의 이야기는
'혹성탈출' 같은 SF 영화에 영감을 주었다. 이처럼 동물 실험을 통해 얻은 연구 결과는
정당하게 받아들여야 할까? 다른 오류는 없는지 한번 생각해보자.

## 우리의 일상에는 어떤 우주 기술이 숨어 있을까?

우주비행사들은 오랫동안 좁은 우주선에서 생활한다. 이 과정에서 만들어진 기술이
우리 일상 곳곳에 숨어 있다. 정수기도 그중 하나이다. 우주선에 1년을 써야 할 물을 모두
실을 수는 없다. 마시고, 씻는 등 용도가 많은 데다 물은 부피도 크기 때문이다. 우주선
안에서는 다 쓴 물도 재생해서 사용해야 한다. 때에 따라서는 우주비행사의 배설물까지
재활용해야 할 수도 있다. 만약 정수기에 사용되는 이온여과기를 발명하지 못했다면
우주여행은 생각지도 못할 일이다. 진공청소기도 우주여행 때문에 탄생한 가전제품이다.
우주 공간은 무중력 상태이므로 머리카락이나 먼지가 공중을 떠다니다 기계 틈에
끼거나 전자 장비에 달라붙으면 고장이 날 수 있다. 공중에 있는 먼지를 빨아들이는데
가장 효과적인 것이 진공청소기이다. 여성용 브래지어나 고급·안경테에 사용하는
가느다란 금속 부품에도 우주 기술이 담겨 있다. 이 금속을 형상기억합금이라고 하는데,
찌그러져도 체온 정도의 온도에서는 원래 대로 되돌아와 항상 새것과 같은 모양을
유지한다. 형상기억합금은 아폴로의 달착륙선에 달린 안테나에 활용하여 로켓에서
끄집어냈을 때 자동으로 안테나가 펴지게 하려고 개발됐다.
그 외에도 우리는 일상에서 많은 우주 기술을 접하고 있다. 거울처럼 비치는 선글라스는
우주인의 눈을 보호하기 위해 만들어진 것이며, 골프채나 테니스용 라켓처럼 가벼우면서
튼튼한 소재, 체온을 일정하게 유지해주는 셔츠도 우주 기술이다. 행글라이더는 아폴로
우주선의 귀환을 연구하다 탄생한 스포츠 기구이며, 운동화의 에어쿠션도 무중력
상태에서 생활하는 우주비행사를 위한 보호 쿠션을 연구하다 만들어진 상품이다.

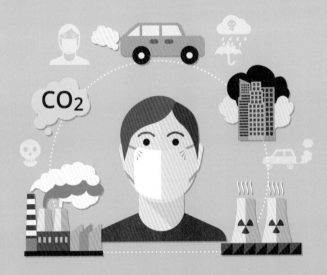

# 06

## 지구와 인류의 생존을 위해
# 환경문제

모든 자연은 자정과 복원능력이 있다. 그러나 인간이 저지르는 환경오염은
느리게 진행되는 자연의 자정능력 속도를 뛰어넘어 생태계를
파괴하고 기후위기를 초래한다. 과연 과학은 인간이 일으킨
심각한  환경문제를 해결할 수 있을까?

글 / 이 랑

## ☆ 환경재난 시대, 위태로운 지구

### 시한부 인생 지구

18세기 중엽 영국에서 시작된 산업혁명은 인류의 역사가 시작된 이래 커다란 전환점이 되었다. 기술혁신으로 시작된 산업혁명은 사회·경제 구조에 커다란 변혁을 일으켰고, 동시에 환경오염이라는 결과도 함께 가져왔다. 산업혁명의 중심인 도시는 석탄이 타는 연기로 숨을 쉴 수 없을 만큼 공기가 좋지 않았고, 런던에서는 '죽음의 안개'라고 불릴 만큼 심각한 대기오염 문제가 나타나기도 했다.

산업과 환경은 반비례한다고 할 수 있다. 산업이 성장할수록 환경은 파괴되어간다. 2차, 3차 산업혁명이 일어나면서 계속해서 도시로 사람이 모이고, 그로 인한 난개발로 환경파괴는 점차 속도를 더해갔다. '지구의 허파', '생물 종의 보물창고'라고 불리는 아마존은 불법 벌목으로 서울시의 13배가 넘는 면적이 사라지고, 바다에서는 포획이 금지된, 태어난 지 1년이 되지 않은 치어까지 마구잡이로 잡아들이고 있다. 기술의 발달은 인간 생활의 기반이 되는 삼림과 토지, 수자원과 지하자원 등 자연환경의 많은 부분을 훼손하고 변화시켰다.

## 인간과 동물에게 되돌아오는 악영향

인구 증가도 환경파괴에 한몫했다. 15세기 약 5억 명에 불과하던 전 세계 인구는 21세기에 약 80억 명으로 증가했다. 전 세계 인구가 쓰고 버리는 쓰레기는 환경오염의 주요인으로 지목된다. 21세기 지구에는 플라스틱과 비닐 등 각종 쓰레기와 산업폐기물이 쌓여가고, 인간들이 버린 쓰레기를 먹이로 착각한 동물들이 비닐과 플라스틱을 먹고 폐사하는 일이 빈번하게 일어나고 있다. 사람들이 쓰고 함부로 버린 플라스틱, 스티로폼, 비닐, 생수병 등은 바다로 흘러가 해류에 휩쓸리며 태평양에는 전에 없던 플라스틱 섬Plastic Island이 만들어졌다. 그 크기도 엄청나서 한반도의 7배, 프랑스의 3배에 달할 정도다.

비닐과 플라스틱 등 편리하게 사용하고 버린 폐기물은 환경을 오염시키고, 생태계를 위협하며, 결국 인간의 삶을 위협하는 요소로 되돌아온다. 특히 플라스틱은 자연 분해되기까지 수백 년이 걸리고, 큰 플라스틱에서 미세플라스틱으로 크기가 작아질 뿐, 한번 토양이나 강, 바다 등에 유입되면 정화가 불가능하다. 또 분해 과정에서 메탄 같은 강력한 온실가스를 배출해 꾸준히 환경에 악영향을 미친다.


## 우주에도 쌓인 쓰레기

공장과 자동차에서 뿜어대는 매연으로 대기는 미세먼지와 이산화탄소로 가득하고, 땅 위에는 처리하지 못한 쓰레기가 포화 상태에 이르고 있다. 바다도 예외는 아니어서 쓰레기와 방사능 오염수 방출 문제로 골머리를 앓고 있다. 환경파괴는 지구에만 한정되지 않는다. 각국에서 쏘아 올린 발사체로 인해 우주에도 쓰레기가 넘쳐나고 있다.

　　환경파괴는 지구 온난화를 일으키고, 지구가 뜨거워지면서 빙하는 전문가의 예상보다 훨씬 빨리 녹아내리며 지구를 더욱 뜨겁게 하는 악순환을 이어가고 있다. 이러한 현상은 세계 곳곳에 때아닌 폭염과 대홍수,

지도에는 없지만 태평양에 존재하는 쓰레기섬. 내셔널지오그래픽 제공.

폭설 등 기상이변을 불러일으키고, 서식지를 잃은 생물은 지구상에서 점차 사라지고 있다. 중증급성호흡기증후군(사스), 중동호흡기증후군(메르스), 코로나바이러스감염증-19(코로나19) 같은 감염증도 인간의 무분별한 환경파괴가 한 원인으로 작용한다. 서식지를 잃은 바이러스가 결국 인간이 거주하는 지역으로 이동하기 때문이다.

2008년도의 디즈니 애니메이션 '월-E'는 지구 폐기물 수거·처리용 로봇만이 남아 있는, 쓰레기로 뒤덮여 더는 인간이 살 수 없는 지구를 배경으로 한다. 지금 이대로라면 지구의 미래가 '월-E'와 다르지 않다.


## ☆ 환경, 늦었다고 생각할 때가 가장 빠르다


**윤리적 소비, 착한 소비, 가치소비 문화**

지구는 지금도 계속 뜨거워지고 있다. 그로 인해 세계 곳곳에서는 기상이변이 일어나 폭염과 홍수, 폭설 등으로 몸살을 앓고 있으며, 감염병이 주기적으로 창궐하고 있다. 이를 막고자 2015년 세계 각국이 모여 '파리기후협약'을 체결하고, 온실가스 배출을 줄이겠다고 합의했다. 유럽연합EU은 2035년까지 내연기관 자동차를 전면 금지하겠다고 선언했으며, 중국과 일본도 2035년을 전후로 자국 내에서 내연기관차를 팔지 못하도록 하는 등 지구 온난화로 인한 기후 변화 대응에 노력하고 있다.

일반인의 각성도 커지고 있다. 소비자들은 윤리적 소비, 착한 소비, 가치소비 문화 조성 등을 외치며 조금 더 비싸고, 조금 귀찮더라도 인간과 동물, 환경에 해를 끼치는 상품을 사지 않는 운동을 벌이고 있다. 소비자가 움직이기 시작하자 기업도 친환경으로 전환을 시도하고 있다. 대표적인 예가 미국의 아웃도어 브랜드인 '파타고니아'이다. 파타고니아는 확고한 철학을 바탕으로 한정된 지구 자원을 사용하지 않기 위해 버려진 의류나 플라스틱을 재활용한 재생 소재를 사용한다. 또 생산 과정이나 유통 과정에서 발생하는 탄소를 줄이기 위한 노력도 함께 하고 있다. 스타벅스코리아는 2025년까지 플라스틱 제로화 운동을 추진 중이며, 몇몇 음료와 생수 회사들은 무라벨 포장으로 플라스틱을 쉽게 재활용하도록 만드는 식으로 친환경 캠페인에 동참하고 있다.

## 대체에너지와 생분해성 플라스틱 개발

과학계에서도 그동안 개발한 기술이 가지고 온 부작용을 해결하기 위해 고민하고 있다. 화석연료는 분진과 유독가스를 방출해 지구 온난화의 주범으로 꼽힌다. 이를 대신하는 대체에너지는 음식물 쓰레기, 커피 찌꺼기, 동물의 분뇨, 작물의 발효 등 생물로 유사 연료를 얻거나 햇빛, 물, 바람, 중력 등 자연에서 에너지를 얻어 환경에 영향이 적도록 하고, 산업 활동에서 발생하는 오염물질 배출을 최소화하기 위한 방법을 찾고 있다. 플라스틱이나 비닐은 미생물로 분해하는 방식을 적용하는 등 친환경 소재 사용이나 기술 개발에 집중하고 있다. 이로써 자원의 선순환과 생태계를 보호하기 위해 노력하는 것이다.

　　토지를 오염시키고 인체에 유해한 화학농약 대신 친환경 유기농 자재를 연구 개발하거나 매년 800만 톤이 넘게 버려지는 플라스틱 빨대를 반영구적으로 사용할 수 있는 스테인리스나 알루미늄, 혹은 옥수수전분, 쌀, 사탕수수처럼 먹을 수 있는 재료도 연구하고 있다.

## ☆ 미래 환경을 위한 직업

### 환경 영역에서 우리가 할 수 있는 일

환경오염은 우리가 살고 있는 환경, 즉 땅, 공기, 바다, 도시, 농촌 등을 망라한 모든 곳에서 발생한다. 이 때문에 환경오염을 막고 환경을 개선하기 위한 일들은 수질, 대기, 토양, 해양, 소음 진동, 폐기물 등 각 전문분야로 구분해 연구된다. '환경공학 기술자'로 대표되는 환경 분야 직업은 공통적으로 환경공학이란 학문적 배경을 바탕으로 하지만, 전문적으로 관리하고 연구하는 영역에 따라 대기 환경 기술자, 수질 환경 기술자, 토양 환경 기술자, 소음 진동 기술자, 폐기물 처리 기술자, 환경 영향 평가원 등으

지구 폐기물 수거·처리 로봇을 다룬 영화 '월-E'. 월트디즈니와 픽사 제공.

로 구분된다. 공통적으로 환경공학 기술자는 환경오염물 등을 측정하고 이에 대한 자료를 수집하며, 환경보전에 필요한 공학적인 기술을 개발한다. 또 환경오염 방지와 제어를 위한 처리시설을 설계하고 시공하는 업무도 수행한다.

앞으로 환경 영향 평가원의 역할은 더 중요해질 전망이다. 사람의 욕망이 끝나지 않는 한, 환경을 개발하는 일은 계속되고 이 과정에서 환경오염과 훼손은 필연적이기 때문이다. 환경 영향 평가원은 도시를 개발하거나 터널을 만드는 등의 공사사업을 수립할 때, 해당 사업이 환경에 미치는 영향을 미리 예측하고 평가하며 환경 영향을 줄이는 방안을 모색한다. 환경 영향 평가원의 정확한 예측과 평가는 환경문제를 줄이거나 방지하는 데 중요한 역할을 한다는 점에서 향후에도 그 역할이 커질 수 있다.

파타고니아 홈페이지.

## 중요해지는 환경보호단체와 환경운동가의 역할

환경문제 해결을 위해 반드시 공학적 접근만 가능한 것은 아니다. 환경 분야는 사회단체나 시민단체에서 활동하는 활동가들의 역할도 매우 중요하다. 사람들이 잘 알지 못하는 환경문제를 수면 위로 끌어와 사회적 이슈로 만드는 힘이 있기 때문이다. 세계적인 환경보호 단체인 '그린피스 Greenpeace'의 경우, 1970년 반핵단체로 결성된 이래 현재 해안기름 유출, 핵실험, 방사능폐기물 바다 투기 같은 자연환경을 위협하는 행위에 반대하고 있다. 2011년에는 그린피스 서울사무소를 개소해 기후변화와 에너지, 해양 문제를 중심으로 지속적인 캠페인을 펼치고 있다.

국내에도 녹색연합, 숲과나눔, 여성환경연대, 환경운동연합, 환경정의, 기후변화행동연구소 등 다양한 환경단체들이 활동하고 있다. 이들은 쓰레기 없는 지구, 자연과 사람이 조화로운 사회 등을 꿈꾸며 생활환경과 동물생태계, 기후문제, 에너지절약 같은 환경문제 해결에 힘쓰고 있다. 앞으로는 단체가 아닌 개인적인 활동으로 환경보호에 앞장서는 직업인들이 늘어날 것으로 예측된다. 일례로, 유튜브 채널처럼 개인 미디어 방송이 늘면서 환경문제 해결을 호소하고 실천하는 방송 채널이 늘고 있는데, 이들의 사회적 파급력도 상당히 커지고 있다.

지구 온난화로 극지환경에서 위태롭게 살아가는 북극곰의 모습이라든지, 플라스틱 쓰레기에 온몸이 휘감기거나 상처를 입은 바닷새의 모습 등은 사진 한 장, 영상 한 컷으로도 사람들에게 경각심을 심어주기에 충분하다. 따라서 미래엔 새롭게 나타나는 소셜미디어를 중심으로 활동하는 환경운동가들의 수와 역할이 중요해질 것이다.

## 리사클링을 넘어 업사이클링으로

쓰레기 문제와 관련해 재활용·새활용과 관련된 새로운 직업들도 주목을 받고 있다. 여기서 재활용은 '리사이클링Re-cycling'이라고 하여 물건을 가공해 다시 사용하는 방식을 말하는 반면, 새활용은 '업사이클링Up-cycling'이라 표현하며 재활용을 넘어 새로운 디자인을 더해 본래보다 더 가치 있는 제품으로 재탄생하는 것을 의미한다. 둘 다 이미 사용이 끝나 버려진 것을 원료를 쓴다는 공통점이 있지만, 새활용은 디자인과 제품에 새로운 기획, 마케팅, 판매 등의 과정이 더해진다.

예를 들어, 페트병을 재활용한다고 하면 페트병을 수거해 미세하게 쪼개서 다시 플라스틱으로 가공하는 것을 말하지만, 페트병으로 장난감이나 가방 등 새로운 용도의 제품으로 만들면 새활용의 사례가 된다. 최근 들어 전 세계적으로 새활용 아이디어를 활용한 기업들이 늘면서 소비자의 관심이 커지고 있다.

국내에는 선거철 사용했던 현수막을 활용해 가방을 만든 회사가 소개된 바 있고, 소방 호스를 재료로 삼아 백팩이나 파우치 등의 패션 소품을 만드는 회사도 등장했다. 소방 호스는 유통기간이 6개월에서 1년으로 짧아서 소방서마다 폐소방 호스가 많이 쌓이는데, 튼튼한 데다 방열, 방염 등 내구성이 강해 우수한 패션 소재가 되고 있다. 이외에 우유팩으로 만든 지갑이나 술병을 눌러 만든 접시 등도 인기를 끌고 있다. 이처럼 업사이클링 제품을 만드는 기획자나 디자이너, 마케터 등은 기존의 직업과는 다른 시각에서 제품을 바라보고 제작하는 새로운 직업으로 인식되고 있다.

## ✦ 환경은 후대에 물려줘야 할 공공재

### 쾌적한 환경에서 지낼 기본 권리

미세먼지, 미세플라스틱, 환경호르몬, 물 부족, 이상 기후 등 최근 십수 년
간 환경오염으로 누적된 불편이 점차 커지고 있다. 이는 인간의 욕심에 근
거한 환경파괴 때문에 일어난 일들이다. 우리나라 헌법 제35조 1항은 "모
든 국민은 건강하고 쾌적한 환경에서 생활할 권리를 가지며, 국가와 국민
은 환경보전을 위하여 노력하여야 한다"라고 규정하고 있다. 쾌적하고 깨
끗한 환경에서 살아갈 '환경권'은 인간의 기본권이자 후대에 물려주어야
할 의무이기도 하다. 이와 더불어 환경복지에 대한 중요성도 강조되고 있
다. 이제는 먹고사는 문제를 해결하는 사회복지를 떠나 깨끗한 환경에서

살아갈 수 있도록 하는 환경복지도 중요해진 것이다. 이는 현재 세대는 물론 미래 세대에도 중요한 이슈이다. 앞으로 환경을 무시하는 기업은 살아남기 힘들고, 환경을 소중히 여기지 않는 시민은 사람들에게 비난받기 쉽다.


## 미래 자산 '환경', 우리는 무엇을 해야 할까?

지구의 자원은 무한하지 않다. 공기도, 물도, 땅도 유한하다. 이들은 모두 인간이 생활하는 데 없어서는 안 될 소중한 환경이고, 미래 후손들에게 물려줘야 할 소중한 자원이다. 하지만 아름다운 지구는 인간의 무분별한 개발과 사용으로 오염되고 고갈되고 있다.

과학자들은 산업혁명 이전 대비 지구의 온도가 2℃ 상승하면 그나마 유지해온 균형점을 잃고 지구가 돌변할 거라고 경고한다. 파리기후협약에서는 2050년까지 지구의 온도 상승을 1.5℃ 이내로 억제하자고 합의했다. 그러나 지구의 온도는 이미 1.15℃ 이상 올랐다. 지금 당장 행동하지 않으면 시간이 턱없이 부족할지 모른다. 소비 단계에서 일회용품 사용을 줄이고, 버리는 것을 줄이고, 사는 것을 줄이는 등 당장 우리가 해야 할 일이 무엇인지 고민해봐야 한다. 그만큼 지구 환경 앞에 인류가 처한 상황은 절박하다.

## 미래직업 하이라이트

☐ 탄소배출권 거래 중개인

'탄소배출권 거래제(ETS)'란 정부가 할당한 온실가스 배출 허용량에 맞춰 기업이 배출권을 시장에서 거래할 수 있는 제도다. 허용량보다 탄소를 더 많이 배출한 기업은 시장에서 부족한 배출권을 사고, 반대로 할당량보다 배출량이 적으면 남는 배출권을 팔 수 있다. 탄소배출권 거래 중개인은 탄소시장에서 탄소배출권을 팔거나 사려고 하는 국가나 기업 간의 거래를 주선하는데, 2021년 12월부터 국내 증권사들이 탄소배출권 거래에 직접 참여를 시작한다.

☐ 온실가스 관리 컨설턴트

온실가스 규제에 따른 경영 자문, 기업 교육, 온실가스 배출 감소를 위한 대응 방안 또는 해결책을 제안한다.

☐ (친환경) 녹색 건축 전문가

녹색 건축 인증 기준(녹지 등 생태공간 조성, 에너지 효율, 친환경 자재 사용 등)에 적합한 건축물을 설계하고 시공한다. 건축가로 활동하면서 특별히 친환경 건축을 지향한다.

☐ 친환경 에너지타운 전문가

환경오염을 최소화하고, 기존의 분진시설 등 오염배출 시설을 친환경 시설로 탈바꿈한 에너지타운을 기획하고 설계하며, 친환경 에너지타운 건설에 필요한 사항을 컨설팅한다.

☐ 그린빌딩 인증 평가 전문가

건물이나 주택의 에너지 효율성을 평가하고 에너지 효율성을 어떻게 높일 수 있는지 조언한다. 건축주가 제시하는 각종 서류를 검토하여 그린빌딩 인증기준에 부합하는지를 평가한다.

## 미래직업 하이라이트

☐ 가정 에코 컨설턴트

가정의 에너지 낭비 요소를 파악하고 절감 방법을 조언한다. 주택의 유해환경
물질을 제거하고 실내공기 정화에 필요한 서비스를 안내한다.

☐ 에너지 절감 시설원

기초생활 수급자의 주택을 중심으로 벽체 균열 보강, 창문과 문 교체, 바람막이
설치, 보일러 교체, 난방시스템 점검과 전기 테스트 등 단순한 집수리가 아닌
주택 에너지 효율화를 목적으로 집을 개선한다.

☐ 실내 공기질 관리사

지하 역사, 어린이집, 대규모 점포 등 다중 이용시설의 실내 공기질을
전문적으로 관리하고, 실내 공기질 개선을 위한 컨설팅을 한다. 2021년 4월
'실내공기질관리법'이 시행되면서 전문가의 활발한 활동이 예상된다.

☐ 환경 손해 평가사

환경오염 등으로 인한 금전적 손해 등을 평가하여 보험리스크 등에 반영한다.
환경보호와 관련된 보험상품의 개발과 보험 보상과정에서 환경상의 손해를
평가한다.

☐ 업사이클링 전문가

폐자원이나 재활용품을 활용해 기능성과 가치가 높은 새로운 제품을 제작한다.
재활용하는 리사이클링과는 다른 의미로, 업사이클링은 새로운 제품을
탄생시킨다는 의미에서 '새활용'이라고 한다.

### ☐ 친환경 제품 디자이너

친환경적인 요소를 고려한 아이디어로 제품을 디자인한다. 친환경 에코제품은
미와 기능성, 그리고 환경적인 측면을 함께 고려해 제작된다.

### ☐ 환경교사 & 환경교육 강사

환경교사는 중·고등학교에서 생태계에 대한 이해를 바탕으로 환경문제 인식과
해결, 환경보전 등에 대한 내용을 전문적으로 교육한다. 환경교육 강사는
기업이나 지자체, 기타 교육기관에서 환경문제 개선과 환경보호에 관한 강의를
한다.

### ☐ 환경단체 활동가

환경보호를 목적으로 하는 환경단체를 설립하고 운영하는 시민단체 활동가의
일종이다.

### ☐ 국제 환경 규제 대응 관리자

기업의 지속 가능 경영을 실현하고 국제적 경쟁력을 가질 수 있도록 국제 환경
규제 대응을 위한 전반적인 사항을 진단하고 컨설팅한다.

### ☐ 그린 마케터

친환경 상품이나 서비스를 마케팅하기 위한 방법을 고안하고
실행하는 마케팅 전문가로 활동한다.

*미래직업 하이라이트 내용은 한국고용정보원 워크넷
(www.work.go.kr)의 직업정보를 참조해 작성하였다.

### 환경오염 주범인 플라스틱 사용, 이대로 괜찮을까?

편리함 때문에 사용하는 플라스틱은 환경오염의 주범으로 생산부터 폐기에 이르는 전 과정에서 온실가스를 배출한다. 코로나19로 인한 비대면 시대로 접어들면서 플라스틱 사용량은 급증했으며, 플라스틱 쓰레기 증가의 주범으로 배달용 일회용 그릇이 꼽혔다. 플라스틱 사용량은 매년 지속적으로 증가하는 추세지만, 재활용률은 미미하다. 그린피스 보고서에 따르면 우리나라 플라스틱 재활용률은 약 70%에 이르지만, 이는 에너지 회수(소각 등)가 포함된 것으로 실질적인 재활용률은 22.7%에 불과하다. 그나마 9%에 그치는 전 세계 플라스틱 재활용률에 비하면 높은 편이지만, 심각한 상황이 아닐 수 없다. 플라스틱 사용, 줄일 방법은 없을까?

### 사고로 인한 환경파괴를 기술로 회복시킬 수 있을까?

2007년 12월 발생했던 충남 태안 앞바다 기름유출사고는 전 국민에게 커다란 충격을 안겨주었다. 아름다운 바다와 해변은 물론 온몸이 시커먼 기름으로 젖은 새들과 바다 생명의 모습에 123만 명의 자원봉사자들은 한겨울 추위에도 불구하고 태안으로 달려가 기름때를 제거했고, 방재 작업에만 최소 10년, 생태계 복원에 20~30년 이상 걸릴 것이라던 전문가들의 예상과 달리 두 달 만에 태안의 바닷가는 어느 정도 회복될 수 있었다. 사고 후 5~6년이 지나고 태안 앞바다는 사고 이전 수준으로 돌아왔으며, 이러한 결과는 '태안의 기적'이라고 불리며 전 세계를 놀라게 했다. 수많은 사람이 피해 복구를 위해 열성적으로 매달린 결과였다.

해양경찰청 통계에 따르면 2013~2019년 동안 우리나라 앞바다에서 발생한 크고 작은 해양 기름유출사고는 한 해 평균 262건에 이른다. 최근에는 해양기름 유출회수를 위한 로봇을 개발, 기름과 물을 분리해 기름은 보관하고, 물은 다시 바다로 돌려보내는 로봇을 개발하기도 했다. 환경파괴는 대부분 인재로 발생한다. 이러한 환경파괴를 기술로 되돌릴 수 있는 분야는 무엇이 있을까?

## 기후변화협약 가입과 탈퇴가 주는 메시지

지구 온난화로 인한 재앙을 막기 위한 노력은 오래전부터 이어져 왔다. 1992년 6월 브라질 리우데자네이루에서 개최된 유엔환경개발회의에서 기후변화협약이 체결되어 기후변화와 이에 따른 피해가 인류의 공동 관심사임을 확인하였다. 1997년 교토에서 개최된 3차 기후변화협약 제3차 당사국 총회에서는 지구 온난화 규제 및 방지를 위한 구체적 이행 방안이 채택되었는데, 이를 '교토의정서'라고 한다. 교토의정서에는 경제 발전을 먼저 이룬 선진국에 환경 보존의 의무를 우선 지우고, 선진국 전체가 2012년까지 온실가스 배출량을 5.2% 이하로 줄이자는 목표를 세웠다. 그러나 자국의 이익 문제를 들어 2001년 미국의 탈퇴 선언을 시작으로 일본, 캐나다, 러시아 등의 선진국들이 연이어 탈퇴를 선언했다. 교토의정서는 실제 온실가스 감축 목표를 실천하지 못했지만, 지구 온난화와 환경오염 문제에 대한 경각심을 이끌어내는 데 중요한 역할을 했다.

2015년 유엔기후변화협약 당사국 총회에서는 2020년 만료되는 교토의정서를 대신해서 파리에서 새로운 기후변화협약을 체결, 미국과 중국을 포함한 총 195개 국가가 서명하였다. 이것이 '파리기후변화협약'이다. 2017년 6월, 미국의 트럼프 대통령이 자국의 이익에 반한다며 파리기후변화협약 탈퇴를 선언하여 전 세계적으로 비난을 받았으나 2021년 1월 바이든 대통령이 취임식에서 파리기후변화협약 복귀에 서명했다. 글로벌파워를 가진 강대국이 기후변화협약을 탈퇴하거나 이행하지 않으면 환경문제는 해결하기 어려운 상황이 된다. 이런 문제를 방지하기 위한 현명하고 적극적인 방법은 무엇인지 함께 생각해보자.

# 07

지구 온도 1℃가 운명을 가른다

# 기후변화

전 세계 곳곳에서 이상기후 현상이 빈번하게 발생하고 있다.
이상기후는 정말 지구 종말의 징후일까? 뜨거워진 혹은 얼어붙은 지구에서
인류는 계속 생존할 수 있을까?

글 / 윤미회

## ☆ 재앙은 이미 닥쳤다

**봄가을은 짧고 여름겨울은 길어졌다**

영화 '투모로우'(2004)는 지구 곳곳의 이상기후 현상에 이어서 나타난 갑작스러운 빙하시대를 배경으로 한다. 남극에서 빙하코어를 탐색하던 기후학자 잭 홀 박사는 지구의 이상 변화를 감지하고, 국제회의에서 지구의 기온하락에 관한 연구를 발표한다. 그는 지구 온난화로 인해 남극과 북극의 빙하가 녹아 해수 온도가 낮아지고, 해류 흐름이 바뀌게 되어 지구가 빙하로 뒤덮일 것이라고 경고하지만, 관심을 가지는 사람은 없다. 결국

인도에서는 눈이 내리고, 일본에서는 주먹만한 크기의 우박이 떨어지는 등 지구 곳곳에 이상기후 증세들이 서서히 나타나면서 잭 홀 박사가 예견했던 빙하시대를 맞닥뜨리게 된다.

영화 '투모로우'는 더이상 영화 속 이야기가 아니다. 영화에서 나타난 이상기후 현상이 실제로 우리가 살고 있는 지구 곳곳에서 빈번하게 발생하고 있기 때문이다.

기후란 일정 지역에서 대략 30년 이상 나타나는 날씨의 평균적인 상태를 말한다. 날씨는 짧은 주기로 변하지만, 기후는 위도, 바다와 육지의 분포, 지형 등에 영향을 받으므로 변화 속도가 느리다. 즉, 기후변화란 오랜 기간에 걸쳐 나타나는 평균적인 날씨 패턴의 변화라고 할 수 있다. 세계기상기구WMO에서는 월 평균 기온이나 월 강수량이 30년에 1회 정도의 확률로 달라지는 기상현상을 '이상기상'이라고 정의한다. 그럼 현실에서는 어떤 이상기상 혹은 이상기후가 나타나고 있을까?

## 영화 같은 이야기? 악몽 같은 현실!

2021년 1월, 북아프리카 사하라와 중동 사우디아라비아 사막에 눈이 내리고, 기온이 영하로 내려갔다. 이 지역은 1월 평균 기온이 12℃ 정도인데, 50년 만에 영하 2℃를 기록했다. 이보다 앞선 2018년에도 사하라는 폭설로 40cm의 눈이 쌓여 사막이 하얗게 눈으로 덮이는 진풍경을 연출했다.

남반구에 위치해 7월이 계절상 겨울인 브라질은 예년 평균 기온이 영상 12℃~22℃이다. 그런데 2021년 7월, 새벽 기온이 영하 7℃까지 떨어지고 눈이 펑펑 내리면서 30년 만에 처음이자 1955년 이후 가장 추운 날씨로 기록되었다. 서유럽의 독일, 벨기에, 오스트리아에서는 한 달 평균

강수량인 100~150mm의 폭우가 이틀에 몰아서 내렸고, 중국에서는 시간당 200mm 이상, 일본에서는 400~500mm의 폭우로 산사태가 발생했다. 미국과 캐나다에서는 전례 없는 폭염과 산불로 주민대피령이 발령되었으며, 미국의 데스밸리 지역은 54.5℃, 캐나다 서부는 49.6℃까지 기온이 치솟았다. 당시 유튜버들은 바깥 날씨에 달걀프라이가 만들어지는지 실험을 하기도 했다.

폭염은 건조한 환경을 만들고, 이는 산불이라는 화재의 빈도와 심각성을 증가시킨다. 문제는 여기에 그치지 않는다. 대형 산불이 발생하면 인명 피해뿐 아니라 야생동물과 식물 등이 죽어 생태계가 무너진다. 이로 인한 환경파괴의 피해 역시 크다. 이처럼 폭설과 한파, 폭우, 폭염, 산불 등 이전에는 없었던 극적인 이상기후가 발생하는 이유는 바로 지구 온난화 때문이다.

2016년 랜드샛 8호 위성이 촬영한 사하라 사막 가장자리. 40년 만에 첫눈이 내렸다. USGS, NASA 제공.

# ☆ 온실가스가 무서운 이유

### 뜨거워지는 지구의 주범, 온실가스

지구는 탄생 이후 빙하기와 간빙기(온난기)가 주기적으로 반복되어 왔다. 과거 1만 년 동안의 간빙기가 유지되면서 인류 문명이 발생하기 좋은 환경적 조건이 형성되었다. 기후변화는 자연적 요인과 인위적 요인에 의해 발생한다. 태양에너지 변화와 화산활동 같은 것이 자연적 요인이고, 화석연료 과다 사용, 온실가스 증가, 대기 구성성분 변화 등이 인위적 요인이다.

지구의 기후 결정에 가장 중요하게 작용하는 외부요인은 태양에너지다. 태양에서 지구로 들어오는 복사에너지 양이 많으면 지구는 따뜻해지는데, 따뜻함을 유지할 수 있는 것은 온실효과 때문이다. 대기(지구 주위를 둘러싸고 있는 기체)를 통과한 빛이 지표면을 가열하고, 그 열의 일부는 지구를 둘러싼 대기 때문에 우주 쪽으로 빠져나가지 않는다. 즉, 대기가 지구를 따뜻하게 유지하는 역할을 하고 이를 온실효과라고 한다.

문제는 온실가스가 지나치게 많아져 기온이 상승하면서 발생한다. 온실가스란 대기 중에 열을 흡수하여 지구 밖으로 나가지 못하게 하는 메탄, 아산화질소 등 다양한 불소화합물 가스를 말하는데, 대표적인 것이 이산화탄소이다. 온실가스가 증가하면 대기에 너무 많은 열을 붙잡아 두게 되고, 이는 지구의 기온 상승으로 이어진다.

그렇다면 온실효과의 주범인 이산화탄소의 양은 왜 많아지는 것일까? 이산화탄소는 식물, 동물, 화산에서 자연스럽게 만들어지기도 하지만, 인간이 만드는 석유제품이나 석탄 같은 연료 사용량이 증가하면서 배출량이 많아진다.

## 달아오르는 지구, 결국 인간이 살 수 없게 된다

과도한 온실효과에 따른 온난화는 지구에 어떤 영향을 미칠까? 기온이 상승하면 여러 가지 변화가 나타난다.

첫째, 홍수와 가뭄 빈도가 증가한다. 대기 중의 온도가 올라가면 공기 중 수증기 함유량이 많아지고, 이는 빈번한 호우로 이어진다. 또 기온이 상승하면 토양에서 수분을 많이 증발시켜 가뭄이 심해진다. 극한의 가뭄 발생은 내륙습지를 소멸시키는 원인이 된다. 특히 산지습지는 탄소 저장 능력이 높은데 가뭄이 발생하여 습지가 사라지면 그 속에 저장되어 있던 탄소 배출이 더욱 가속화된다. 기온 상승으로 인한 지구의 사막화는 심각한 문제인데, 유럽 위원회의 세계 사막화 지도에 따르면, 육지 면적의 75% 이상이 이미 퇴화했으며, 2050년까지 90% 이상이 퇴화할 수 있다고 예상한다.

둘째, 태양 흡수율이 증가한다. 높아진 기온은 빙하를 녹게 해 수면을 넓게 만들고, 태양에너지를 더 많이 흡수하게 만든다. 과학자들은 해빙(얼음이 녹는 것)이 기후위기를 더욱 가속화시킬 수 있다고 경고한다. 북극이나 남극처럼 2년 이상 토양이 0℃ 이하로 유지되는 영구동토층이 녹으면 그곳에 저장된 다량의 탄소가 대기 중으로 유입되고 이는 지구온난화의 가속화로 이어지게 된다. 악순환의 연속인 것이다.

결론적으로 과학자들은 온난화에 가장 큰 영향을 미치는 기후변화 원인이 온실가스라는 것을 확인했고, 그 중에서도 인간 활동에 의한 이산화탄소 배출증가가 가장 큰 요인이라고 지목했다.

# ✨ 기온 상승으로 인한 혼돈의 지구

**전복이 바다에서 익사했다?**

'기후위기는 곧 식량의 위기'이다. 기온 상승으로 인해 기후가 온대성에서 아열대성으로 변하면 작물의 재배환경이 달라진다. 이러한 환경변화는 현재 우리나라에서 재배하는 농산물의 생산량을 급감시키거나 아예 불가능하게 만들고, 감귤 · 키위 · 망고 같은 아열대성 과일 재배가 늘어나는 등 한반도의 '농업지도'를 완전히 바꾸게 된다. 아열대성 병원체와 해충, 잡초 등의 발생 가능성이 커져 농업 피해 또한 늘어날 것이다.

수산물도 기후위기로 인한 피해가 발생하고 있다. 태풍의 강도가 점점 강해지고 악천후가 빈번해지면서 조업 일수가 감소하여 전체 어획량이 줄어든다. 우리나라 전남 진도군에서는 2021년 여름, 양식하던 전복 3,000만 마리가 대량 폐사했는데, 그 이유는 바로 집중 호우 때문이었다. 사흘 동안 500mm가 넘는 폭우가 내리면서 갑자기 불어난 강물이 바다로 한꺼번에 유입되면서 바다가 강물로 변해버린 탓이었다.

기후변화로 인해 발생하는 식량 위기 상황을 예방하는 방법은 온실가스 배출량을 줄이는 것이다. 하지만 이미 펀해진 세상의 시계를 뒤로 돌릴 수는 없다. 그러므로 어마어마한 양의 온실가스 배출을 단기간 내에 줄이기가 어려운 것이다. 따라서 기후가 직접적인 영향을 미치는 농업 분야에서는 고온에 견딜 수 있는 새로운 품종을 개발하거나 기상재해 조기경보 시스템, 원격확인 및 조종 가능한 스마트팜 등을 개발하기 위해 노력하고 있다. 수산업도 고수온에서 생존하는 품종 개발, 양식용 육상 수조 시설 전환 등의 방향으로 나아가고 있다.

**벌이 줄어들면 곡물 가격이 폭등한다!**

2021년 여름, 뜨거워진 강물을 반쯤 익은 연어가 너덜거리는 비늘로 거슬러 올라가는 충격적인 뉴스가 보도되었다. 기온 상승에 적응하지 못한 생물 종은 지구상에서 소멸할 수도 있다. 국립생태원의 <기후변화에 의한 생태계 피해 예측> 자료집에 따르면 기온 상승에 따라 우리나라가 아열대·열대 지방에서 유래된 외래종의 서식지로 확산되어 생태계 교란에 영향을 미칠 것으로 전망했다.

　　이같은 생물종 감소는 우리나라에만 국한된 것은 아니다. 나비, 벌, 식물 등 지구의 수많은 종이 이미 감소하고 있다. 세계자연기금WWF 영국지부는 산업화 이전 대비 섭씨 1.5℃가 상승했을 때 생존이 어려운 전 세계 12종 생물을 발표했다. 그 중에는 추운 지방에서도 살아남을 수 있게 진화한 호박벌이 포함되어 있다. 호박벌의 멸종은 단순히 종의 멸종

문제에 그치지 않는다. 전 세계 꽃식물의 85%가 꽃가루 매개자(벌, 나비 등)를 통해 번식하는데, 호박벌의 감소는 야생식물과 농작물 꽃가루의 매개에 악영향을 준다. 다시 말해 벌의 개체 수 감소는 식량 부족과 곡물 가격 폭등까지 불러올 수 있는 것이다.

지구 기온의 상승은 육상뿐 아니라 해양 온도에도 영향을 미친다. 산호는 해양생물의 서식과 번식에 필수면서 해양생태계 형성에 매우 중요한 동물이다. 그런데 해수 온도가 1℃만 상승해도 산호에 치명적인 백화현상을 유발시킨다.


## 코로나바이러스? 고대 바이러스가 깨어난다!

지구 전체의 평균 기온이 상승하면 빙하가 녹아 해수면이 상승하게 된다. 전 세계 대도시권의 70%는 바다를 끼고 있다. 그런데 세계의 해수면은 매년 2mm씩 높아지고 있다. 전문가들은 온실가스를 줄이지 못하고 이대로 가면 21세기 말 전 세계 해수면이 지금보다 최대 90㎝가 오를 것이라고 경고한다. 지구 온난화로 해수면이 계속 높아지면서 바다를 끼고 사는 나라는 이미 도시 침수에 대비하고 있다. 침수 위기 국가인 몰디브는 현재 해상도시 건설 프로젝트를 시작했다. 장마 때마다 침수로 골머리를 앓는 이탈리아 베니치아는 이미 수중 물막이를 설치하고 있고, 미국 뉴욕은 거대한 섬을 따라 방호벽을 둘러치겠다는 계획이다.

문제는 해수면뿐만이 아니다. 빙하가 녹으면 그 속의 고대 바이러스와 직면할 가능성도 크다. 2020년 7월, 러시아 서시베리아에 있는 야말반도 호수에서는 만 년 전 사체로 추정되는 고대 매머드 화석이 발견되었다. 사체는 얼음 속에 파묻혀 있어 근육, 연골, 섬유조직이 보존되어 있었으며, 미생물과 바이러스도 함께 남아있었다. 2016년에는 시베리아의 영구동토가 녹으면서 얼어있던 땅에서 탄저균이 부활하여 순록 수백 마리가 폐사하고, 스무 명 이상이 감염되기도 했다. 이처럼 감염병과 기후위기는 밀접한 관련성이 있다.

2019년 12월, 코로나바이러스COVID-19가 발생하고 1년 동안 전 세계 230만 명 이상이 목숨을 잃었다. 영국 케임브리지대 연구진과 미국 하와이대 연구진은 기후변화가 코로나19 대유행을 촉발했다는 연구 결과를 발표했다. 최근 100년간 남아시아는 온실가스 배출 증가로 박쥐 서식에 좋은 환경으로 변했고, 특정 지역의 갑작스러운 박쥐 종 증가는 사람이 감염되기 쉬운 바이러스의 등장을 초래했다. 이처럼 기후변화가 바이러스성 감염병 발생에 실질적 영향을 미칠 수도 있다는 것이 과학자들의 주장이다. 따라서 기후변화에 대한 대응뿐 아니라 자연 서식지 보호와 야생 동물 포획 금지 등의 광범위한 노력이 필요하다.

*"1만 년에 걸쳐서 섭씨 4℃ 정도가 상승했어요. 이것이 자연에서는 가장 빠른 속도예요. 그런데 사람은 100년에 1℃를 변화시켰습니다. 이렇게 되면 생태계는 견뎌내지 못합니다."*

*– 조천호 기상과학자*

# ✬ 인간이 편할수록 병들어가는 지구

### 건강한 지구를 지키기 위한 노력

우리는 보다 편리한 삶을 위해 빠르게 발전하는 과학기술에 많은 기대를 품고 살아간다. 그러나 변화와 발전의 이면에는 과도한 에너지와 연료 사용이 있으며, 이는 이상기후를 발생시키는 원인이 되었다.

대기과학자 제임스 러브록 박사는 지구를 하나의 작은 생명체로 보는 '가이아 이론'을 주장했다. 가이아 이론은 지구가 스스로 기후를 조절 및 통제하는 능력 즉, 자기조절능력이 있으며 생물이 스스로 적당한 환경을 조성하는 시스템을 갖추었다고 했다. 어느 정도까지는 자체 조절이 가능하지만, 한도 초과 시 지구도 어쩔 수 없이 생명력을 멈춘다는 것이다. 지구 온난화 문제는 대책 수립 논의만으로 끝날 것이 아닌, 강력한 실천방안이 필요하다.

### 기후변화에 대한 진단과 처방 내릴 전문가 필요

앞에서 특정 지역에서 일정한 시간에 나타나는 기상 현상을 날씨라고 하고, 30년 이상의 오랜 기간에 걸쳐 나타나는 평균적인 날씨를 기후라고 했다. 흔히 우리는 짧은 시간에 시시각각 변화하는 기상현상을 일기예보로 접한다. 매일의 날씨가 오랜 시간 축적되면 기후로 볼 수 있다. 기후는 변동성을 포함하기 때문에 더 복잡하다.

이상기후에 대한 노력으로 미국, 중국, 러시아 등 전 세계 37개국에서 '인공강우'에 많은 실험과 시도를 하고 있다. 인공강우는 구름에 인위적으로 구름씨를 살포해서 비를 만들거나 비의 양을 증가시키는 기술이다. 비뿐 아니라 눈의 양을 증가시키게 하는 인공증설도 있다. 구름의 물리적 특성에 따라 찬 구름에는 요오드화은을 구름씨로 사용해 얼음입자를 생성·성장시키고, 따뜻한 구름에는 흡습성 물질을 사용해 큰 물방울을 생성·성장시키는 것이 인공강우의 원리이다.

2021년 7월, 실제로 50℃가 넘는 폭염이 이어지는 두바이에 아랍에미리트UAE 기상청이 드론을 활용하여 구름 속에서 전기를 방출하여 폭우를 내리게 했다. UAE는 만성 물 부족 국가로 강우량 증가를 목적으로 시도했다. 인공강우 시도는 물 부족 사태에 따른 수자원 확보, 우박 억제, 안개 저감, 산불 저감 등의 목적으로 시도하고 있으며, 성공을 위한 기술 발전과 노력이 진행 중이다.


## 기후변화 없는 건강한 지구 만들기

기후변화 문제의 심각성을 인식하고 지구 온난화 해결을 위해 세계 각국의 약속이 이어지고 있다. 대표적인 것이 온실가스 배출을 최대한 줄이고, 남은 온실가스는 흡수, 제거해서 실질적 배출량이 0이 되도록 하는 '탄소중립Net-Zero' 선언이다. 우리나라도 2020년 10월에 '2050 탄소중립 계획'을 선언하였다. 이는 지구 온도가 2℃ 상승할 경우, 인간이 감당할 수 없는 자연재해가 발생하기 때문에 상승온도를 1.5℃로 억제하기 위한 노력이다. 이 목표는 2015년 파리협정에서 설정되었다.

범국가적 차원의 노력과 함께 개개인의 노력도 필수적이다. 가장 중요한 것은 우리 모두의 인식과 생활양식 그리고 행동을 변화시켜야 한다. 무조건 편리한 것만 찾아 사용할 것이 아니라 불편한 것도 일정부분 감수해야 한다. 가장 기본적으로 일회용품 사용을 최대한 줄여야 한다.

기후위기로 빙하시대를 맞게 되는 인류를 그린 영화 '투모로우'. 네이버영화 제공.

에너지를 효율적으로 사용하고 절약해야 한다. 냉·난방기 사용 시간을 줄이고 적정 온도를 유지해 온실가스를 줄여야 한다. 사용하지 않는 전기 플러그를 뽑거나 멀티탭을 활용해 대기전력을 줄이는 것도 우리가 할 수 있는 기본적인 노력이다.

기후위기는 결국 인류의 위기이고 문명의 위기이다. 더 이상의 기후변화로 지구를 괴롭히지 않도록 노력해야 한다. 지구가 건강해야 지구에서 살아가는 우리도 질병, 식량난, 재난과 재해를 겪지 않고 건강할 수 있다.

"자연의 분노 앞에 인간은 무력하다는 걸 알았습니다. 인류는 착각했습니다. 지구의 자원을 마음껏 써도 될 권리가 있다고 말입니다."
– 영화 '투모로우' 중

## 미래직업 하이라이트

□ 기상 연구원

기상 연구원은 대기의 종관적·역학적 구조, 수치예보 모형, 해양기상 및 태풍 등 기상 전반 및 기후 특성을 조사·분석한다. 위성·레이더 등 원격탐사에 의한 활용기술과 예보 적용에 관하여 연구·개발한다. 대기 상황에 대한 자료를 조사·분석하고 기상도를 작성하며, 장·단기 기상예보를 위하여 관측된 자료를 해석하는 일도 한다.

□ 기후과학자

이론적 토대와 수학적 모델을 사용하여 미래의 기후변화 모델링에 대해 연구한다. 장기적인 기후변화를 예측하고 폭염과 폭우 같은 극한기후에 대한 원인을 규명하기도 한다.

□ 기후변화 전문가

기상관련 자료 분석을 통해 관측한 기후변화 이상징후들에 대한 적응 또는 실천 방안을 수립한다. 특히, 온실가스와 같이 기후에 나쁜 영향을 미치는 원인을 줄이는 저감 대응책을 연구하며, 구체적으로 정부나 기업 정책에 미치는 영향을 분석해 더 좋은 방안을 제시한다. 기후변화에 따른 농산물과 수산물, 생활 변화에 대해 분석하기도 한다.

□ 기후 경제학자

경제학의 범주 안에서 기후변화로 인한 경제적 변화를 연구한다. 탄소중립 등에 소요되는 막대한 국가 예산의 수립, 기타 기후위기로 인해 파생될 경제적 영향을 연구해 국가와 기업의 정책수립 등에 방향을 제시한다.

### ☐ 고기후학자

극지방에서 수십만 년 전에 만들어진 빙하코어의 빙하시료로 얼음이 만들어질
당시의 대기 중 온실기체 농도에 대해 연구한다. 대기 온도, 해류 순환, 육상 식생
변화 등의 상관관계를 확인하고 관련 기후변화를 연구한다.

### ☐ 농업환경 생태연구원

각종 환경오염 및 기후변화로부터 농업환경과 생태계를 보전하기 위한 연구를
한다. 농작물 피해 예방과 안전 농작물 생산을 위한 연구를 하며, 농업과
관련된 폐기물 조사, 농업적 이용성 평가, 폐기물에 의한 환경 영향 평가 방법을
개발한다. 또한 유용한 폐자원의 활용과 관리기술을 개발하고 농업환경
오염방지에 관한 연구를 한다.

### ☐ 생태계 복원 관리 연구원

기후변화 및 환경오염으로 인한 생태계 영향, 훼손된 생태계 복원기술 등을
연구한다. 자연환경의 구성과 형성과정을 비롯해 토지, 식물, 생물 등이
자연환경과 어떻게 상호작용하는지를 분석하고 연구한다.

*미래직업 하이라이트 내용은 한국고용정보원 워크넷(www.work.go.kr)의 직업정보를 참조해 작성하였다.

## 일기예보는 왜 자주 틀릴까?

일기예보의 정확한 예측값을 얻기 위해서는 지구를 하늘, 땅, 그리고 우주에서 대기와
상태를 입체적으로 관찰하는 것부터 시작해야 한다. 이렇게 관측된 국내외 방대한
기상 자료를 슈퍼컴퓨터를 활용해 빠르고 정확하게 분석하고, 예보관의 전문적인
지식을 더하면 일기예보가 탄생한다. 그럼에도 일기예보가 100% 정확하지 않은 이유는
무엇일까?
'카오스 이론의 아버지'로 불리는 미국 기상학자 드워드 로렌츠는 미래의 대기 상태를
예측하는 것은 유체역학(기체와 액체 등 유체의 운동을 다루는 물리학의 한 분야) 방정식
내에 포함된 카오스적인 성질 때문에 어렵다고 주장한다. 더군다나 태평양처럼 거대한
해역을 아주 조밀하게 자주 관찰하는 방법이 현재 기술로는 불가능하다는 것이다. 이러한
한계로 참값에 거의 가까울 정도로 대기의 초기 상태를 파악할 수 없으므로 기상 예측의
불확실성은 필연적으로 존재한다고 한다. 그럼에도 기상 관련 전문가들은 일기예보
정확도를 높이기 위해 끊임없이 도전하고 있다. 일기예보가 100% 정확해지는 날, 그날은
과연 언제쯤일까?

## 해수면 상승, 우리나라는 안전할까?

해수면 상승의 위험에서 삼면이 바다인 우리나라는 과연 안전할까? 〈한국 기후변화
평가보고서 2020〉에 따르면 우리나라의 기온 상승은 세계 평균의 두 배가 넘는다. 세계
평균인 2mm를 웃돌아 우리나라 해수면은 매년 2.97mm씩 높아지고 있다. 지난 30년간
상승한 해수면의 높이는 약 9cm이며, 동해안이 남해와 서해보다 더 빠르게 진행돼
동해안 해수면은 지난 10년 동안 4.86mm씩 상승했다. 전문가들은 부산과 인천공항이
물에 잠길 수 있다는 연구 결과 자료를 잇달아 공개했다. 이대로라면 2030년 부산은
물에 잠길지도 모른다. 위기는 우리가 알게 모르게 이미 가까이 와있다.

## 초록 눈이 있다?

남극의 눈이 초록색으로 변하고 있다. 남극의 초록색 눈은 기온 상승으로 남극대륙의 눈 표면에서 녹조류 포자가 발아했기 때문이다. 이 초록색 눈은 강렬한 붉은색이나 주황색 눈으로 변하기도 하는데, 우주에서 가장 잘 관측된다. 녹조는 눈이 녹은 유출수나 동물의 배설물에서 잘 번식하기 때문에 해안가나 야생동물 서식지 근처에서 발견된다. 그나마 기온이 더 상승하면 이 초록 눈마저도 사라지게 될 것이다.

## 가축이 뀌는 방귀와 트림에 세금을 부과한다고?

소나 양이 뀌는 방귀나 트림은 인류와 지구를 위협한다. 되새김질을 하는 소나 양, 염소 같은 반추동물은 위가 4~5개나 되는데, 장에서만 메탄가스가 만들어지는 다른 동물과 달리 반추동물은 위에서도 다량의 메탄가스가 발생해 방귀나 트림으로 배출한다. 문제는 메탄가스가 지구 온난화의 주범인 이산화탄소보다 25배 이상 지구를 더 뜨겁게 한다는 사실이다. 그래 봐야 방귀라고 생각하겠지만, 반추동물이 발생하는 메탄가스의 양은 생각보다 훨씬 많다. 유엔 산하 '기후변화에관한정부간협의체(IPCC)'에 따르면 소고기 225g에서 발생하는 온실가스 양은 자동차 55대가 1.6km를 주행할 때 배출되는 양과 맞먹는다고 한다(참고로 우리가 먹는 스테이크 한 덩이가 210~280g이다). 가축이 내뿜는 메탄가스는 전 세계 온실가스의 18%를 차지한다. 이렇다 보니 소를 키우는 농가를 상대로 '소 방귀세' 이야기가 나온다. 실제 유럽의 에스토니아에서는 방귀세를 부과하고 있고, 덴마크는 논의 중이며, 뉴질랜드에서는 가축 방귀세를 추진하다 백지화되었다. 세계에서는 소에서 발생하는 메탄가스 발생량을 줄이기 위해 해조류로 사료를 만드는 등 다양한 연구를 하고 있다. 실제 가축의 방귀나 트림에 세금을 부과하면, 지구 온난화를 막는데 도움이 될까? 함께 생각해보자.

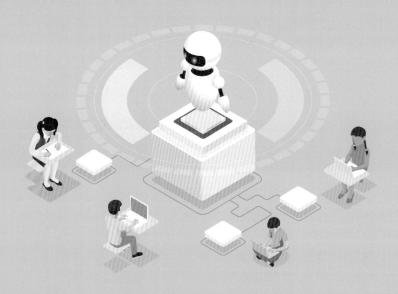

08

학벌 따러 대학?
# 교육혁명

사람이 행복하게 살아가는데 대학 졸업장이 필수조건일까?
이제 대학 졸업장도, 좋은 학벌도 행복의 잣대가 되지 않는다.
교육혁명의 시대, 미래의 인재상과 교육은 어떤 모습일까?

글 / 박상현

## ☆ 너도나도 대학을 향해 달려가는 우리의 자화상

**과잉교육으로 인한 부작용들**

과거 산업화 시대, 우리나라의 높은 교육열이 고급 인력을 양성해 경제성
장의 추진동력이 되었던 건 분명한 사실이다. 고용노동부에서 발표한 '학
력별 인력수요전망'(2019~2029)에 따르면 2029년까지 향후 10년간 전문
대학 이상 졸업자 수가 2,551만 명 늘어나고, 고졸 이하는 1,728만 명 줄
어들 것으로 전망했다. 최근 몇 년간 스펙 초월 열린 고용 채용, 학벌보다
는 능력 중심의 채용(블라인드 면접)과 인사시스템 개선, 선취업-후진학

(경력개발)제도 도입, 직업진로교육 강화, 국가직무능력표준NCS 개발, 일학습병행제 도입 등 다양한 정부 정책에 힘입어 83%를 웃돌던 대학진학률은 70% 초반으로 떨어졌다. 그럼에도 불구하고 우리나라 교육현장은 여전히 '경쟁 지옥'이라고 불릴 만큼 치열하다.

이러한 경쟁만을 일삼는 과잉교육으로 크고 작은 부작용이 뒤따랐다. 일등주의에만 매몰된 학교 교육은 학생들에게 열등의식과 낮은 자존감을 갖게 하며, 사유 없이 주입식으로 이루어진 교육은 사회 진출 이후의 삶에도 영향을 미쳐 악순환의 고리를 이어가고 있다. 대학을 졸업해도 21.4%가 자신의 교육 수준보다 낮은 일자리로 하향취업을 하고 있으며, 대졸 취업자의 28.9%는 전공과 무관한 일자리에 종사하고 있다. 이러한 일자리 미스매치 현상은 낮은 소득, 일자리 만족도 저하 등으로 이어져 노동시장 성과를 떨어뜨리는 요인이 되고 있다. 나아가 개인적·국가적 교육투자 비용 대비 효과성 측면에서 효율성이 떨어져 국가경쟁력을 저해하는 요인으로까지 작용한다.


## 거북이보다 느렸던 교육혁명의 시작

사회는 정치, 경제, 문화, 종교, 과학 등 각 영역이 조화를 이루며 발전해나가는 유기적인 집단이다. 그러나 각 영역이 변화해가는 속도는 서로 다르다. 산업과 과학기술, 경제 영역은 빠르게 발전하는 반면, 정치나 법·제도의 변화는 더디기만 하다. 예를 들어, 드론은 1916년 무기를 실은 비행체가 원격으로 날아가 적진을 공격하는 원리를 연구하며 군사용으로 개발되었지만, 세계적으로 '드론법'이 생기기 시작한 것은 2010년 전후이다(우리나라는 2019년 제정, 2020년 시행). 그동안 드론이 하늘을 날아다니며 불법 촬영을 하고 테러를 가해도 제재할 방법이 없었다.

교육은 더욱 느리다. 칠판 앞 연단에 선 선생님이 학생을 가르치는 모습은 근대학교의 틀이 잡혔던 150년 전이나 지금이나 크게 변함이 없었다. 그러나 4차 산업혁명 시대에 접어들면서 교육도 기존과 완전히 다른 양상으로 변하고 있으며, 특히 코로나19가 만들어낸 팬데믹 상황이 변화의 심지에 불을 붙였다.

## ✰ 변혁을 서두르는 글로벌 대학

### 이미 시작된 캠퍼스 없는 대학

미래에 가장 커다란 변화를 예고하는 것은 학교라는 공간 자체이다. 과거에는 공부를 위해 학교에 가야 한다고 생각했다. 하지만 미래는 장소에 구애받지 않고 어디서든 공부할 수 있는 환경이 펼쳐질 것이다.

코로나19로 인해 확대되기 시작한 원격수업이 학생들의 참여도와 집중력을 떨어뜨린다고 주장하지만, 그것은 방법의 문제다. 실제 스탠퍼드대학이 설립한 스탠퍼드온라인고등학교는 모든 수업을 온라인으로 진행하지만, 하버드·프린스턴·MIT·스탠퍼드대학교 등 명문대 진학률이 미국에서 가장 높다. 이 학교는 2020년 미국 시사잡지 〈뉴스위크 NewsWeek〉에서 발표한 전미 STEM 교육 우수 학교 3위, 교육 평가 전문 기관인 니치Niche 선정 전미 프렙 스쿨 1위에 올랐다. 고작 15년 남짓한 역사에도 불구하고, 교육 혁신을 통해 현재 미국에서 부모들이 아이를 가장 보내고 싶어 하는 학교로 명성을 떨치고 있다.

이미 10여 년 전부터 인터넷에만 접속할 수 있으면 '무크MOOC, Massive Open Online Course'를 활용해 미국 MIT나 하버드대학의 무료 강좌도 들을 수 있다. '무크'란 인원 제한 없이Massive, 모든 사람에게 공개되고Open, 웹 기반으로Online 이루어지는 무료 강좌Course이다. 2012년 2월 공식 출시된 최초의 전문적 무크 유다시티Udacity는 취업과 관련된 강의를 집중적으로 다룬다. 2012년 4월 스탠퍼드대학 컴퓨터공학과 앤드루 응과 대프니 콜러가 비싼 대학등록금을 낼 형편이 안되는 사람들에게 양질의 교육 기회를 주기 위해 만든 온라인 강연 사이트 '코세라Coursera'는 가장 많은 강의 수와 학생 수를 자랑하는 대표적 무크이다.

양질의 공짜 교육이 퍼지면서 좀처럼 꿈적 않던 세계 명문대학들도 앞다투어 교육개혁에 나섰으며, 이러한 일련의 노력은 메타버스(가상현실)와 같은 기술과 맞물리면서 캠퍼스 없는 대학시대를 앞당기고 있다. 다시 말해, 한국의 소도시에서도 능력만 된다면 하버드대학교 졸업장을 손에 쥘 수 있는 것이다. '메타버스Metaverse'는 '초월'을 의미하는 '메타

스탠퍼드온라인고등학교 홈페이지.

Meta'와 현실 세계를 의미하는 '유니버스Universe'의 합성어로 가상세계와 현실세계가 융합 및 상호 작용하는 3차원 초현실 세상으로 가상기술과 3D 기술이 합쳐진 미래의 '월드와이드웹World Wide Web, 2007, ASF'이라 할 수 있다. 메타버스의 속성은 ①가상현실, ②증강현실, ③현실세계와 가상세계의 융합 및 상호 작용, ④미래 인터넷(차세대 인터넷 → 모바일 → 메타버스 혁명), ⑤3D 입체화, 그 외 소셜(사용자 간 상호작용), 가상자산, 아바타, 디지털트윈 등이 있다(보다 자세한 설명은 12p 메타버스 참고). 머지않은 미래에 상상을 초월한 메타비스 교육혁명 시대가 도래할 것이다.

## 교사가 필요 없는, 개인 맞춤형 교육 시대

교사, 교수의 역할에도 큰 변화가 일어날 것이다. 세계 최대 규모의 미래학 연구집단인 세계미래학회World Future Society는 2030년경 천편일률적인 교육모델이 사라지고 교사도 필요 없는 학습 시대가 열릴 것으로 예측한 바 있다. 현재 선진국에서는 기존 교육 대안으로 '거꾸로 교육Flipped Learning'을 시행하고 있다. 이는 이미 배포된 영상이나 온라인으로 집에서 공부를 하고, 학교에서는 모르는 것을 물어보거나 배운 것을 주제로 토론하는 방식이다.

온라인 강의가 더 발전하면 실력 있는 인기 강사의 수업에 학생들이 몰림으로써 수준 낮은 교사는 자연 도태되는 현상이 발생하기도 할 것이다.

또 지금보다 인공지능AI이 더 발달하면 완벽한 1:1의 개인형 맞춤교육이 진행될 수도 있다. 실제 미국 조지아공대는 2016년부터 컴퓨터과학 수업에서 AI 조교를 활용하고 있다. AI 조교는 학생의 질문 대응과

수업 안내 역할을 맡는데, 언어 능력이 워낙 뛰어나 학생들도 해당 조교가 AI라는 것을 한 학기가 끝나갈 때 즈음 알았다고 한다. '대학 교육 혁신의 아이콘'으로 불리는 애리조나주립대도 AI '이어드바이스'를 활용해 입학 단계부터 학생 특성에 따라 전공선택과 학습 방법을 제시하고 있다.


## ☆ 능력주의 교육에서 존엄주의 교육으로

### 융복합 인재와 D.N.A 인재 양성

인공지능AI, 3D프린터, 사물인터넷IOT, 드론, 자율주행, 클라우드, 빅데이터, AR/VR 등 4차 산업혁명 시대의 신기술이 등장하고 시대가 급변하면서 새로운 직업의 탄생과 더불어 새로운 직무역량이 요구되고 있다. 미래 사회는 의료서비스와 ICT의 결합, IT를 기반으로 한 농업과 유통, 빅데이터 분석 기반의 경영과 의사결정구조 등 AI와 빅데이터로 무장되어 거의 모든 분야에서 융복합 인재를 필요로 한다.

특히, 4차 산업혁명 시대에 필요한 인재는 소프트웨어 전문가이다. 지금 절대적으로 부족한 데이터 전문가, 네트워킹 전문가, 알고리즘 전문가들이 바로 D.N.A(데이터Data, 네트워크Networking, 알고리즘Algorithm) 인재이다.

이들에게 필요한 핵심 역량은 인터넷에서 검색으로 찾을 수 있는 '지식'이 아니다. 최고의 STEM(과학·기술·공학·수학) 교육기관으로 꼽히는 스탠퍼드온라인고등학교에서는 STEM과 인문학을 유기적으로 융합한 교육과 철학에 주안을 두고 있다. 가령 '성별과 젠더'라는 수업을 할 때는 생물학자 교사와 역사학자 교사가 함께 가르친다. 같은 주제를 두고 생물학과 역사학이 어떤 관점으로 바라보고 해석하는지 가르쳐 학생들이 그 안에서 안목을 기르고 가치를 발견하도록 교육하는 것이다. 철학 교육 역시 마찬가지이다. 비판적이고 유연한 사고력이 본질인 철학을 가르침으로써 미래형 인재의 핵심역량을 키운다.


## '정답'을 쫓지 않는 것이 현답

미래에 필요한 것은 정답만을 쫓는 인재가 아니다. 새로운 구조를 만들어내고 독창적 질문을 할 줄 아는 사람이다. 유럽에서는 이미 1970년대부터 비판교육을 진행, 어릴 때부터 기존의 제도나 권력 배후에서 작동하는 힘을 꿰뚫어 보는 능력을 기르고, 불의에 저항하는 능력과 기술을 교육하며, 잘못된 규범을 대제하고 새로운 규범을 만드는 능력을 강조하고 있다.

미국 샌프란시스코의 미네르바대학, 싱가포르 난양공대는 학과를 개편해 4차 산업혁명 시대의 핵심 인재를 양성하고 있으며 중국은 '천인계획'을 통해 D.N.A. 인재를 전 세계에서 끌어모으고 있다. 우리나라도 산업화 시대의 인재 양성 방식에 머물러 있는 현재 교육 시스템을 전면 개편하여 대학의 교육과정을 업스킬링Upskilling하는 현명한 노력이 필요하다.

## ☆ 이미 시작된 미래의 대학

미래에도 대학은 있을까?

지구가 우주의 중심이라는 '천동설'이 태양이 우주의 중심이라는 '지동설'로 바뀌기까지 약 1,400여 년의 시간이 걸렸다. 과거에는 지식, 사상이 바뀌는 데 몇 백년이 걸렸지만, 현대사회는 다르다. 오늘 알고 있던 지식이 내일 바뀔 수도 있다.

이처럼 모든 것이 예측 불가능하고 급속하게 변화하는 현대사회에서 '지식'은 무의미하다. 단순히 지식을 습득하고 분석하는 데에서 그치는 것이 아니라 끊임없이 생겨나는 새로운 규칙에 적응하고, 나아가 스스로 규칙을 만들어내는 능력을 개발해야 한다.

교육을 의미하는 영어 '에듀케이션Education'의 어원은 '에두카레 Educare, 이끌어내다'라는 라틴어이다. 결국 참교육이란 개인에 내재된 잠재력을 끌어내는 것이다. 우리나라의 교육도 주입식 교육이나 능력주의 교육이 아닌, 인간을 존엄한 존재로 보고 학생들 안에 잠재된 재능을 끄집어내는 방향으로 바뀔 것이다.

〈사피엔스〉의 저자 유발 하라리 교수는 "2050년대 세상이 어떻게 달라질지 아무도 모른다. 우리 자녀 세대가 40대가 되었을 때 그들이 학교에서 배운 내용 중 80~90%는 쓸모없을 확률이 높다"라고 했다. 다시 말해 미래는 직업과 지식이 생겨나고 사라지는 속도가 매우 빠르므로 오늘은 맞지만 내일은 틀릴 수 있고, 따라서 평생학습능력이 중요해질 수밖에 없다.

## 죽은 물고기만이 물결을 따라 흘러간다

인공지능이 '지배'하는 세상을 콘셉트로 한 영화 '매트릭스'(1999)에서는 키아누 리브스(네오 역)가 누운 채 가상공간에서 쿵후를 수 분 안에 배우고, 캐리 앤 모스(트리니티 역)는 헬리콥터 운전법을 몇 십 초 내에 익힌다. 오랜 시간과 노력을 들이지 않고도 원하는 것을 배우는 장면은 짜릿한 전율을 일으키게 한다. 놀라운 것은 머지않은 미래에 실제 이런 일이 일어날 수도 있다는 점이다. 전문가들은 앞으로 10년 이내에 인체에 칩을 삽입하는 기술이 발달해 영화처럼 지식을 통째로 뇌에 업로드할 수 있을 거라고 전망한다. 급성장하고 있는 뇌과학과 인공지능 기술이 만난다면 허황된 일로만 치부할 수는 없다.

교육 영역은 많은 것의 변화를 예고한다. 공부는 중요하지만, 대학 졸업장의 가치는 하락할 수 있다. 수년을 투자해야 하는 대학 졸업장보다는 오히려 1년 미만의 시간을 들여 마이크로소프트, 구글, 페이스북 등의 기업이 수여하는 자격증을 얻는 게 더 인기를 끌 수 있다.

독일의 극작가 베르톨트 브레히트는 "죽은 물고기만이 물결을 따라 흘러간다"라고 했으며, 정치철학자인 한나 아렌트는 "무지는 용서할 수 있다. 그러나 무사유는 용서할 수 없다"라고 했다. 관성과 타성에 젖어 '받아적기'만 하는 공부로는 급변하는 미래에 도태될 수밖에 없다.

# 미래직업 하이라이트

☐ 온라인 교육 플랫폼 기획자

오프라인 학교가 온라인 학교로 모두 헤쳐 모이고 있다. 온라인 교육은
온라인 세상에 존재하는 엄연한 학교시스템으로 안정적인 운영을 위해서는
교육 플랫폼을 기획하고 개발, 운영, 관리하는 직업이 중요하다. 교육에 대한
전문지식을 바탕으로 시스템 개발 및 운영 기술을 갖춘 융합인재가 교육
분야에서도 중요한 역할을 한다. 온라인 교육 플랫폼은 기획자를 필두로 개발자,
운영자, 관리자, 보안전문가 등이 시스템의 시작과 끝을 책임진다.

☐ 온라인 튜터

온라인 교육방식은 이제 오프라인 교육을 맞먹을 정도로 커졌고, 앞으로도 더욱
성장할 예정이다. 온라인 튜터는 학생들이 온라인 수업에 참여할 때 필요한
준비사항을 돕거나 숙제와 진도를 점검하고, 필요할 경우 실제 온라인 클래스를
운영할 수도 있다. 일종의 온라인 수업 속 선생님이자 보조교사의 역할을 한다.

☐ 상담 전문가 & 청소년 지도사

청소년을 대상으로 하는 상담 전문가 및 청소년 지도사의 수요는 꾸준하게
늘어날 것이다. 이들은 성격, 적성, 지능, 진로 및 신체적·정서적 증상 등으로
일상생활에서 어려움을 겪거나 갈등에 놓인 사람들이 자신의 문제를 해결할 수
있도록 돕는다.

☐ 재능기부 코디네이터

경제적 활동보다 사회공헌 등 재능기부를 하고 싶은 사람들과 재능기부가 필요한
기관 등의 수요를 연결하는 역할을 한다. 재능기부 활동을 기획하기도 한다.

### □ 진로체험 코디네이터

미래에도 결국은 개개인이 자신의 강점을 발견하고 이를 개발해 좋아하는 일을 찾아 활동할 수 있어야 한다. 이를 위해서는 다양한 진로체험이 필요하다. 진로체험 코디네이터는 초·중·고 학생들이 기업 또는 사업장 등에서 직업체험을 할 수 있도록 체험 기회를 발굴하고 관련 프로그램을 기획한다. 이러한 진로 교육이나 진로 개발, 직업체험과 관련된 직업은 미래에 각광받는 직업이 될 것이다.

### □ 전직 지원 전문가

퇴직(예정)자에게 경력·적성에 맞는 일자리 또는 제2의 직업을 추천·알선하고 그에 맞는 교육 훈련 프로그램·컨설팅을 제공한다. 주로 성인이 새로운 직업을 찾는 데 도움을 주는데, 평생직장과 평생직업의 개념이 사라지면서 전직 지원 전문가의 역할도 커질 전망이다.

### □ 직무능력 평가사

한 개인이 특정 산업이나 직업에서 요구되는 직무수행 여부를 평가하고 직업훈련, 자격 등 필요한 훈련을 받을 수 있도록 지원한다. 내게 꼭 맞는 직무나 직업을 찾아 준비하기 위해서는 정확한 직무능력의 평가가 중요하다. 그래야 불필요한 교육이나 학벌에 얽매이지 않고 꼭 필요한 직무능력을 개발할 수 있다.

### □ 홈스쿨 코디네이터

홈스쿨을 원하는 가정의 모든 절차를 관할하여 학생들을 관리하고, 그들이 교육기준에 맞게 교육받도록 프로그램이나 커리큘럼을 제공한다. 아직 국내에서 시행되고 있지는 않지만 홈스쿨링 제도가 도입되면 방문학습지 교사처럼 홈스쿨링하는 학생들에게 교육 서비스를 제공할 수 있다.

# 미래직업 하이라이트

☐ 창의 트레이너
교육 분야에서 창의성 개발이 중요한 만큼 아이와 청소년의 창의력 개발을
목적으로 교육과 훈련을 수행한다. 또 여가활동 차원에서 고령층과 장애
학생들의 창의력 개발을 돕는다.

☐ 지역사회 교육 코디네이터
교육, 연구 및 레크리에이션 과정 등 지역사회의 요구에 맞는 프로그램을
기획하고 만들어 지역사회 주민들이 참여할 수 있도록 연결한다.

☐ 시니어 취업 컨설턴트
시니어 은퇴자들이 늘어나면서 이들이 삶의 의미를 찾고 건강하게 노후를
지낼 수 있는 방안으로서, 재취업과 창업·창직(새로운 직업 만들기) 등 다양한
경로의 경력개발 방안을 제안하고 상담한다.

*미래직업 하이라이트 내용은 한국고용정보원 워크넷(www.work.go.kr)의 직업정보를 참조해 작성하였다.

## 과학강의실

### 디지털 격차는 어떻게 극복할 수 있을까?

코로나19로 비대면 시대가 활짝 열리며 이제는 원격수업이 일반화되었다. 이때 가장
크게 드러난 문제가 디지털 격차(Digital Divide)였다. 원격수업을 하기 위해서는 학습자가
컴퓨터나 노트북, 스마트폰 같은 온라인 교육용 디바이스를 갖추고, 인터넷에 접근할 수
있어야 한다. 정부는 저소득층 가구와 다자녀 가구 등을 대상으로 인터넷과 디바이스를
제공하는 정책을 실시해 이 문제를 해결하기는 했지만, 결국 디지털 환경에서도 양극화는
생겨날 수밖에 없다. 이러한 디지털 격차는 어떻게 극복할 수 있을까?

### 원격수업, 무엇이 문제일까?

코로나19 사태가 발생한 지 1년 후 학력 저하, 학력 격차, 대학등록금 문제
등이 대두되었다. 질 낮은 원격수업으로 학생들의 집중력이 떨어지면서 학습에
흥미를 잃고 이해력이 떨어진다는 것이다. 100% 온라인으로 수업을 진행하는
스탠퍼드온라인고등학교의 대학진학률은 미국 최고이다. 그렇다면 원격수업 자체가
문제라기보다 수업 방식이 문제일 수 있다. 이미 비대면 시대에 들어선 지금, 미래 교육은
어떻게 바뀌어야 할까?

## 09

돈의 축이 바뀐다

# 디지털화폐

간편결제가 일상화되면서 점차 지갑을 여는 일이 줄어들고 있다.
미래에는 디지털 지갑이란 개념만 남고, 몸속에 내장된 칩으로 결제하는 일이
일반적일 수 있다. 디지털화폐와 미래, 돈은 어떤 모습으로 변할까?

글 / 이 랑

## ✰ 돈, 그리고 블록체인과 가상화폐

### 돈은 눈에 보이지 않는 추상적 가치

요즘은 일상에서 지폐나 동전의 실물을 보는 일이 드물어졌다. 용돈을 줄 때도 휴대폰으로 송금하고, 물건을 사거나 택시를 타도 휴대폰을 단말기에 대기만 하면 된다. 지갑에서 현금을 꺼내는 것은 물론 신용카드를 주고받는 일도 점점 사라지고 있다. 돈은 모바일 속에서 0과 1로 치환되어 지구촌 이쪽저쪽을 넘나든다.

지금의 화폐와 달리 돈이 조개껍데기나 돌덩어리였던 시절도 있었다. 생각하면 이상한 일이다. 어떻게 아무 쓸모없는 조개껍데기가 돈이 될 수 있었을까? 더 나아가 종이 쪼가리에 지나지 않는 지폐가 돈이 될 수 있는 걸까?

옛날 사람들은 쌀과 소를 바꾸고, 옷감과 소금을 바꾸는 등 물물교환을 하면서 여러 가지 불편한 점을 느꼈다. 무거운 것을 들고 다니는 것도 불편했고, 원하는 것을 가진 사람을 찾기도 힘들었으며, 서로가 원하는 가치와 교환하는 양도 달랐다. 그래서 사람들은 조개껍데기에 가치를 부여하고 그것이 가치 있다고 믿기로 서로 약속했다. 그렇게 돈은 지금까지 여러 형태로 모습을 달리하며 발전해왔다.

실제 돈은 눈에 보이지 않는다. 금이나 은, 다이아몬드 같은 것과 달리 돈은 실물이 없다. 지갑에서 돈을 꺼내서 보고 만질 수는 있지만, 그것은 실제 돈이 아니라 우리가 '돈'이라고 믿는, 보이지 않는 추상적인 가치를 얹은 물건일 뿐이다. 그렇다면 모바일 속에 담긴, 눈에 보이지 않는 디지털화폐도 우리의 약속에 따라 돈이 될 수 있다.


## 정체불명 사토시 나카모토가 만든 비트코인

2008년 서브프라임모기지 사태로 촉발된 금융위기가 전 세계를 덮쳤다. 하루아침에 직장과 집을 잃고 하소연할 곳이 없던 사람들이 월가로 몰려가 시위를 할 때, 그 일을 일으켰던 월가의 금융권 사람들은 시위대를 내려다보며 파티를 열었다. 금융위기를 일으켰던 금융권은 아무런 책임을 지지 않았다. 오히려 구제금융을 받아서 성과급 잔치를 벌였고, 금융자본주의의 실체를 알아챈 대중들은 분노와 동시에 환멸을 느꼈다. 이렇게 미국 금융권의 시스템과 불신이 극에 달했을 때, 가상화폐인 '비트코인 Bitcoin'이 등장했다.

2009년 정체불명의 프로그래머 사토시 나카모토라는 사람이 A4 용지 9쪽짜리 〈비트코인 백서〉를 발표했다. 〈비트코인 백서〉에는 중앙은행의 독점적 화폐 발행에 대한 문제점을 지적하며, 금융시스템의 한계를 극복할 대안으로 비트코인을 제시했다.

기본적으로 화폐는 발행 주체가 있다. 우리나라는 한국은행, 미국은 FED, 영국은 BOE 등의 중앙은행에서 화폐를 찍어낸다. 하지만 비트코인은 정부와 금융기관의 개입 없이 개인과 개인끼리 거래가 가능한, 세계 최초로 P2PPeer to Peer 네트워크를 기반으로 만들어진 화폐이다.

2010년 미국의 라즐로라는 프로그래머가 "파파존스 라지사이즈 피자 2판에 1만 비트코인을 주겠다"며 인터넷 게시판에 글을 올리고, 거래가 성사되었다. 최초에 사용된 비트코인을 현금으로 계산하면 1달러당 0.0025달러, 우리나라 돈으로 2.5원이 채 되지 않는 돈이다. 참고로 2021년 9월 말 기준 1 비트코인은 약 5천만 원에 거래되고 있다.

## 블록체인 기술을 기반으로 한 디지털화폐

비트코인은 '블록체인Blockchain'이라는 기술이 있었기에 만들어질 수 있었다. 블록체인은 일종의 '공공장부'이다. 거래를 하면 금액과 날짜, 그날의 환율, 송금 장소 등 정보가 담긴 '블록Block'이 생기고, 이 블록은 기존 블록에 '연결Chain'된다. 한 마디로 거래를 한 사람끼리 똑같은 거래 장부를 복사해 각자 가져가고 새로 생긴 거래 내역도 장부에 기록되며, 서로가 서로를 검증한다.

블록체인이 혁신적이라고 하는 것은 해킹을 못 하기 때문이다. 블록체인 기반의 가상화폐를 해킹하려면 하나의 블록이 아니라 연쇄적으로 바뀌는 수억 수조 개에 이르는 블록 정보를 모두 변경해야 하는데, 이는 사실상 불가능하다. 간혹 비트코인이 해커들에게 도난당했다는 기사가 나오는데, 이는 가상화폐를 보관하고 거래하는 거래소가 공격을 받은 것이지 블록체인 자체에 문제가 있는 것은 아니다. 다시 말해 지폐는 절대 위조할 수 없지만, 지폐를 넣어둔 지갑은 도난당할 수 있다는 의미이다.

비트코인 이후에 여러 가상화폐가 등장했다. 그중 대표되는 것이 이더리움이다. 비트코인과 이더리움의 차이는 블록체인 기술의 차이다. 비트코인이 1세대 블록체인 기술이라면 이더리움은 2세대 블록체인 기술을 사용한 가상화폐이다. 쉽게 말해 비트코인이 2G 휴대폰이라면 이더리움은 스마트폰이다. 비트코인과 가장 큰 차이는 화폐에 사전에 협의한 내용의 '조건'을 달 수 있다는 점이다. 예를 들어 '저녁 9시 이후에는 PC방에서 사용할 수 없다'라는 계약서를 쓰고 조건이 충족되면 계약이 실행되는 방식이다.

## 공식 화폐로 인정받아 사용 중인 가상화폐

비트코인은 100년 동안 사용할 수 있는 개수가 2,100만 개로 제한되어 있으며, 임의로 통화량을 조절하지 못한다. 또한 4년마다 통화 공급량이 줄어들어 2140년이면 통화량 증가가 멈춘다. 비트코인은 컴퓨터 프로그램으로 복잡한 수학 문제를 풀었을 때 생성되는 블록의 대가로 주어지는데, 이러한 과정을 광산업에 빗대어 '마이닝Mining, 캔다', 즉 '채굴'한다고 표현한다. 그러나 문제가 점점 어려워져 현재는 채굴에 성공해도 전기료도 벌지 못할 정도이다.

비트코인은 발행 초기에는 사기, 투기라는 인식이 강했으나 2017년 스타벅스와 간편결제의 원조 격인 미국 전자결제 서비스 페이팔이 비트코인을 사용하면서 그 위상이 점차 커졌다. 2013년에는 독일, 2017년에는 일본이 각각 비트코인을 지급 결제 수단으로 인정하였고, 호주와 영국에서도 비트코인을 수용하면서 비트코인을 인정하는 국가가 늘어났다.

비트코인은 신용카드 회사 같은 제삼자 없이 구매자와 판매자가 직접 거래하기 때문에 비용이 거의 발생하지 않아 해외송금이나 소액 결제 등에 매우 유용하다. 그러나 비트코인은 극심한 가격 변동성 때문에 현재는 화폐라기보다 '자산'으로 인정받고 있다. 실제 2021년 9월 세계 최초로 비트코인을 공식 화폐로 채택한 엘살바도르에서는 시행 첫날, 서버가 폭주하고 비트코인 가격이 폭락하는 등 불안정한 모습을 보였다. 때문에 아직은 결제 수단으로 사용하기에는 적합하지 않다고 여겨지고 있다. 하지만 최근에는 가격 변동을 최소화해 안정성을 높인 기술이 등장하는 등 가상화폐는 계속 발전하고 있다.

# ✬ 중앙은행과 민간 발행의 디지털화폐 경쟁

세계는 지금 중앙은행디지털화폐(CBDC) 발행 중

암호화폐의 성장은 전 세계로 확대되는 모바일 환경에 근거한다. 기술이 뒷받침되고 거래가 편해지면서 가상화폐 시장이 커지자 각국 정부는 디지털화폐에 대한 새로운 대안을 찾고 있다. 특히 전 세계적으로 각국은 중앙은행이 발행하는 디지털화폐CBDC, Central Bank Digital Currency 준비에 박차를 가하는 동시에 가상화폐에 대한 규제를 본격화하고 있다.

CBDC가 일반 전자화폐와 다른 것은 제삼자의 개입 여부이다. 현재 우리가 사용하고 있는 전자화폐는 중간에 삼성, 카카오, 네이버 등 카드사나 서비스회사가 끼어 있다. 이러한 시스템은 우리가 물건을 사면서 대금을 지급해도 곧바로 판매자에게 입금되는 것이 아니다. 판매자가 돈을 받기까지는 시간이 소요되며 수수료가 발생한다. 그러나 중앙은행에서 발행하는 CBDC는 이러한 과정이 없다. 즉 모바일상이긴 하지만, 중간 단계를 거치지 않고 현실에서처럼 판매자와 구매자 사이에 곧바로 돈이 오가는 것이다.

현재 북대서양에 위치한 작은 섬나라인 바하마가 CBDC를 발행·유통해 사용하고 있으며, 중국이 2022년 동계올림픽에서 CBDC를 사용하기 위해 다양한 지역에서 시범 운영하고 있다. 우리나라도 현재 2~3년 이내에 상용화를 목표로 CBDC 연구를 하고 있다.

CBDC 도입은 자본주의의 큰 틀을 바꾸는 변화이다. CBDC는 국가에서 발행하고 관리하는 만큼 가격 안정성과 효율성이 높고 모든 거래의 추적이 가능하므로 정부 입장에서는 세금 징수 등 관리 감독이 쉽다. 또 종이 화폐나 동전의 제조·유통 비용을 줄일 수 있어 경제적이다.

　　반면 가상화폐의 특징인 익명성이 보장되지 않아 사생활 침해 등의 부작용이 있고, 디지털화폐에 익숙하지 않은 노약자 등 금융취약계층의 소외나 디지털 단말기 등의 문제가 발생할 수 있다. 하지만 우리나라는 이미 현금 사용률이 낮고 간편결제 등 전자지급결제에 익숙한 편이다. 따라서 CBDC에 대한 수요가 늘면 중앙은행이 개인에게 곧바로 디지털화폐를 공급하게 되어 시중은행의 역할은 축소되거나 사라질 수 있다. 다만, 현금이 있어도 약속어음이나 상품권, 포인트 등을 사용하는 것처럼 CBDC가 나와도 보완재가 될 거란 시각이 우세하다.


## 금융패권을 차지하라

오랫동안 현금을 사용해온 사람들에게 가상화폐는 그저 컴퓨터 속 숫자일 뿐, 직접 볼 수도 없고 해킹 위험도 크다는 시각이 많다. 그러나 디지털 세대에게 가상화폐는 분명 돈이고, 자산이다. 그들은 디지털화폐로 송금하고 물건도 살 수 있어 이미 돈으로 받아들이고 있다. 가상화폐가 비록 실체가 없고 변동성이 크다해도 미국의 가상화폐 거래소인 코인베이스는 시총 70조 원의 기업이 되었고, 메타버스에서 통용되는 가상화폐들의 금액도 만만치 않다. 전기차 회사인 테슬라는 자동차를 사고팔 때 비트코인을 결제 수단으로 인정하고 있으며, 미국의 투자은행인 골드만삭스도 포트폴리오에 비트코인 등 정상급 코인을 포함시켜 관리하고 있다. 당장은 아니더라도 디지털 세대가 성장하면 가상화폐가 경제활동의 커다란 축을 담당할 수 있을 것이다.

　　각국 정부가 CBDC 발행을 염두에 두고, 가상화폐의 제도화를

추진하는 것도 이러한 점 때문이다. 기술의 발달로 비트코인처럼 민간에서 개발하는 화폐가 다양해지고 거래가 활발해지면 화폐에 대한 국가의 통제력이 약화되어 세금을 걷거나 통화 주권을 확보하는 데 문제가 생길 수밖에 없다. 중국이 비트코인 채굴장을 90% 폐쇄하는 등 가상화폐에 대한 규제를 강화하고, 디지털위안화 발행을 가속화하는 것도 디지털화폐를 선점해 미국의 달러 대신 디지털위안화를 기축통화로 세우기 위해서이다. 지금 전 세계는 가상화폐의 대중화와 돈의 우위를 점하기 위한 전쟁에 뛰어든 것이다.

## 디지털화폐와 미래직업

미래에는 지폐와 동전이 완전히 사라지고, 디지털화폐만 그 기능을 할지도 모른다. 이미 신용카드는 구시대 문물이 되어가고, 스마트폰 결제 역시 귀찮은 일이 되고 있다. 선호하는 화폐의 형태가 바뀌면서 돈과 관련된 직업에도 지각변동이 예상된다. 디지털화폐는 실체가 없고 디지털상에만 존재한다는 점에서 그 변화를 명확히 예측하기 어렵다. 하지만 기존의 화폐 제작과 관리를 둘러싼 은행 관련 일자리 감소와 하는 일의 변화는 자명하다. 이미 은행 지점을 방문하는 것보다 인터넷 뱅킹 앱을 누르는 게 명백하게 편리한 것처럼 말이다.

디지털화폐의 가장 큰 장점은 화폐 관리가 쉬워지고 화폐 발행 비용과 유통, 관리 비용이 획기적으로 줄어든다는 점이다. 또한 디지털화폐는 디지털 거래를 활성화시키고 화폐 흐름에서 파생되는 방대한 데이터 생성을 촉진한다. 미래에는 거의 모든 분야에서 빅데이터 분석이 활성화될 전망이지만, 그 중에서도 디지털화폐 사용이 증가하면서 빠르게 쌓이는 엄청난 양의 금융 데이터는 이미 '고급자원'으로 평가받고 있다. 이에 따라 금융 분야 빅데이터를 분석해 기업경영이나 마케팅 등에 활용하도록 제공하는 금융 데이터 분석가가 유망직업으로 떠오르고 있다.

금융과 IT기술의 접점에 있는 핀테크 기술을 활용하는 직업도 주목을 받고 있다. 핀테크 전문가는 금융 수요자와 공급자를 직접 연결하는 핀테크 플랫폼을 구축하고 이를 활용해 수익을 창출하는 비즈니스를 컨설팅한다. 금융과 첨단 IT기술의 융합인 핀테크가 더 일반화되면 이를 활용한 금융상품의 개발이나 운용과 관련된 새로운 업무의 탄생이 예상된다. 블록체인 부문에 있어서도 현재는 블록체인 기술이 대중에 알려지는 단계지만, 사람들이 블록체인 기술을 보다 안전한 금융거래를 위한 첨단 시스템으로 인식하게 되면 해당 시스템의 개발과 운영, 관리를 위한 더 많은 일자리가 생겨날 것으로 전망된다.

한편, 디지털화폐와 디지털거래에서도 정보의 보안과 보호문제는 매우 중요하게 평가된다. IT 분야에서는 정보보안 문제가 늘 중요한 이슈로 여겨지는데, '돈'을 다룬다는 점에서 금융 분야의 정보보안은 더 중요한 문제가 될 수밖에 없다. 이에 따라 디지털 금융분야에서 활동하는 정보보안(보호) 전문가는 갈수록 귀한 대접을 받을 전망이다. 다만, 정보보안 업무는 진화하는 바이러스나 해킹 등의 위험에 대비하는 일이므로, 새로운 기술을 배우고 계속해서 탐구하는 자세가 무엇보다 중요하다.

## ☆ 미래학자들이 꿈꾸는 평등한 세상

**누구나 가치 있는 자산에 투자하는 '토큰경제시대'**

전문가들은 가상화폐 시장과 메타버스 산업이 성장하면서 머지않아 '토큰경제시대'가 열릴 거라고 전망한다. 토큰은 과거 버스를 탈 때 쓰던 코인을 말한다. 바쁜 아침 시간에 서로 거스름돈을 주고받다 보면 시간이 오래 걸리니까 사람들은 버스요금 가치에 해당하는 토큰을 미리 사서 사용했다. 그러면 버스기사도, 탑승객도 시간을 줄일 수 있었다. 버스 토큰은 버스를 탈 수 있는 일종의 권리이자 증서였던 것이다.

토큰경제라는 단어는 이런 과거의 토큰 개념에서 따온 단어이다. 가령 100억 원짜리 건물이 있다고 치자. 이를 1만 개의 토큰을 발행해서 판매한다. 그러면 100만 원으로도 건물주가 되어 월세를 받을 수 있다. 일종의 공동 소유인 것이다. 거래할 때도 100억 원짜리 건물을 통째로 팔려고 하면 힘들지만, 100만 원은 쉽게 거래할 수 있다. 또한 소유권 거래이기 때문에 취득세 같은 세금이나 부동산 수수료에서도 자유롭다. 이미 100억 원짜리 건물을 가지고 있는 소유주라면 50억 원의 토큰을 발행해

판매한다. 그러면 50억 원의 현금으로 다른 곳에 투자하는 등 유동성을 얻을 수 있다. 이처럼 토큰은 건물의 소유권을 디지털 증권화한 것으로, 이는 블록체인이라는 해킹할 수 없는 기술이 있기에 가능한 것이다.

토큰은 예술작품에도 적용할 수 있다. 만약 100억 원짜리 다빈치의 모나리자 그림을 10만 개로 토큰화한다면 10만 원으로도 모나리자 그림의 소유주가 될 수 있다. 10만 원으로 예술작품을 소유했다는 자긍심과 더불어 전시회 등에서 나오는 수익금을 배분받을 수 있게 되는 것이다. 이처럼 토큰은 부동산, 예술작품, 주식, 심지어 BTS 같은 아이돌에게도 사용할 수 있다. 토큰경제는 적은 돈으로도 가치 있는 자산에 투자할 수 있고, 다양한 분야에서 수익을 낼 수 있다.

## 돈이 쓸모없어지는 유토피아가 올 수도

인류의 역사가 시작된 이후 돈은 절대적 위치를 차지했다. 편의를 위해 만들어진 화폐는 이후 성격을 달리해 돈을 많이 쥔 사람들은 사회적 강자로 위력을 행사하며 많은 것을 누릴 수 있었다. 돈의 권력에 눈뜬 사람들은 돈을 최고의 가치로 여기고 숭배했으며, 삶의 목적을 오로지 돈 모으는 데 두는 배금주의로 흘러가기도 하였다. 그러나 일부 미래학자는 돈의 본성이 완전히 변할 거라고 예측하기도 한다. 돈이 최고인 금융자본주의에서 정보가 부가가치를 창출하는 정보자본주의로 넘어갈 것이라는 전망이다. 현금이 기반인 경제가 무너지고, 데이터(정보) 기반의 경제로 넘어간다는 의미다. 예를 들어 얼마짜리의 자동차를 가지고 있는 게 중요한 것이 아니라 자동차 사용에 따른 데이터가 더 중요해진다는 것이다.

또한 로봇이나 인공지능AI이 인간의 일을 대신하면서 물질이 풍부해지면 인간은 노동보다 문화 · 정치 활동에 더 많은 관심을 갖게 되고, 돈의 가치는 현저하게 낮아지게 될 거라고 예상하기도 한다. 이는 마치 공공도서관에서 책을 대여하는 시스템과 비슷해서 물건과 서비스를 무료로 이용하지만, 돈으로 수익을 낼 수 없는 것과 같다. 이상적인 미래상이지만, 불가능한 것도 아니다. 로마시대에 노예가 대규모로 유입되면서 노동에서 해방된 시민들이 일보다는 즐길거리를 찾아 나섰던 것처럼 말이다.

가상화폐는 전통적인 화폐 구도를 흔들어 놓았고, 세계는 지금 금융패권을 놓고 그 어느 때보다 치열한 전쟁을 벌이고 있다. 가상화폐 역시 더는 신기루도 오아시스도 아니며, 미래의 축을 담당할 하나의 통화로 자리매김하고 있다.

## 미래직업 하이라이트

☐ **핀테크 전문가**

클라우드 펀딩, P2P, Lending, 금융결제, 자산관리 등 금융의 수요자와 공급자를
연결하여 금융 거래가 이루어질 수 있도록 지원하는 IT 플랫폼을 구축한다.
핀테크를 활용해 비즈니스화할 수 있는 컨설팅 업무를 하기도 한다.

☐ **블록체인 시스템 개발자**

네트워크, 암호학을 바탕으로 거래 데이터를 중앙에서 보관하는 것이 아닌,
거래 참여자들의 합의를 통해 분산 저장해 나가는 블록체인 기술을 개발한다.
은행같은 신뢰할 수 있는 기관 없이도 안전한 거래가 가능한 시스템 환경을
개발하거나 구축하는 일을 한다.

☐ **핀테크 에번젤리스트**

핀테크 서비스를 운영하는 고객사가 직면하는 기술적 문제를 관리하고
문제상황이 생겼을 때 해결을 돕는다.

☐ **로보어드바이저 개발자**

로보어드바이저란, Robot + Advisor 의 합성어로 미리 프로그램된 알고리즘을
통해서 프로그램이 투자를 결정하고 자산을 배분하는 행위 또는 그
프로그램 자체를 말한다. 투자분석을 위한 복잡성과 위험성이 높아지면서
로보어드바이저를 활용한 투자방식을 활용하는 투자자들이 늘고 있다. 이때
로보어드바이저 개발자는 로보어드바이저 프로그램, 즉 활용 가능한 금융정보,
고객의 투자 성향 정보 등의 분석 알고리즘을 개발하고, 이를 토대로 고객의
자산 운용을 자문하고 관리해주는 자동화된 서비스를 기획하고 개발한다.

□ 디지털 자산 관리사

핀테크 기술의 발전으로 가상화폐 등 디지털 자산의 형태가 새롭게 등장하고
다양화되면서 디지털 자산을 전문으로 하는 디지털 자산 관리사가 등장하고
있다.

□ 금융 데이터 분석가

모바일 기기 사용과 온라인 상거래 확대, 통신기술 발달 등으로 금융 데이터가
디지털 세계에 축적되고 있다. 디지털화폐의 사용으로 쌓이는 금융 데이터는
더 빠르고 그 양도 엄청날 것으로 전망된다. 금융 데이터 분석가는 디지털
금융 데이터를 분석해 의미있는 결과를 도출하고 기업경영, 마케팅 등 각종
산업분야에 활용할 수 있도록 분석결과를 제공한다.

□ 시니어 금융교육 강사

핀테크 등 온라인 기술기반 금융거래가 확대됨에 따라 인터넷은행, 시중은행
등에서는 금융고객인 시니어를 대상으로 디지털 금융 거래방법 등 금융교육의
필요성이 커지고 있다. 시니어 금융교육 강사는 60대 이상 시니어를 대상으로
인터넷 뱅킹, 핀테크 등 금융거래 활용법 등을 교육한다.

□ 정보보안(보호) 전문가

정보보안이란 정보의 수집, 가공, 저장, 검색, 송신, 수신 도중에 정보의 훼손,
변조, 유출 등을 방지하기 위한 관리적, 기술적 방법을 의미한다. 정보보안(보호)
전문가는 이러한 외부, 내부의 위협으로부터 정보를 보호하는 일을 수행한다.
핀테크 기술의 발전으로 자산 분야의 디지털화가 빨라지면서 금융자산 시스템의
정보보호 업무는 앞으로 더 발전하고 중요하게 평가받을 전망이다.

*미래직업 하이라이트 내용은 한국고용정보원 워크넷(www.work.go.kr)의 직업정보를 참조해 작성하였다.

## 디지털화폐 종류는?

디지털화폐에는 크게 두 가지가 있다. 첫째는 전자화폐, 둘째는 가상화폐이다.
전자화폐는 우리가 모바일 속에 넣어두고 거래하는 돈이다. 삼성페이, 카카오페이,
네이버페이, 지역화폐 등 실물 화폐를 '대신'해 모바일 전자지갑 안에 두고
간편결제 시스템으로 대금을 지급한다. 다른 하나는 처음부터 실체가 없고 컴퓨터
안에서만 존재하는 가상화폐. 암호화폐라고도 부르는 가상화폐의 대표적인 예가
비트코인(Bitcoin)이나 이더리움(Ethereum) 등이다. 현재 존재하는 가상화폐는 약
1,500개 종류가 있다.

## 암호화폐는 왜 범죄에 많이 사용될까?

전 세계적으로 존재하는 암호화폐는 수천 가지 이상이다. 이 중에는 비트코인이나
이더리움과 달리 완전한 익명성을 갖고 태어난 암호화폐도 있다. 이런 암호화폐는
거래내역 자체를 알 수가 없어 익명의 자금 전달이 가능해 돈세탁이나 불법자금 수수,
외환 규제 회피와 상속·증여세 포탈에 악용될 수 있다. 정부가 CBDC는 띄우면서
암호화폐에 대한 규제를 강화하려는 이유이기도 하다. 암호화폐가 범죄에 악용되는 걸
막으려면 어떤 새로운 기술이 개발되어야 할까? 함께 생각해보자.

## 비트코인 가치는 왜 심하게 출렁일까?

2010년 5월 약 4.6원이던 비트코인은 2021년 10월 기준 약 7,000만 원을 기록하며
10여 년 동안 약 1,000만 배가 올랐다. 비트코인의 가치가 계속 오르기만 한 것은
아니다. 2017년 12월 2,000만 원이던 비트코인은 2018년 12월에는 300만 원으로
크게 하락했었다. 이처럼 비트코인 가치가 널뛰는 것은 왜일까? 비트코인의 최대
규모는 2,100만 개로 공급량은 고정되어 있는데 수요가 불안정하다보니 변동성이 크게
나타날 수밖에 없다. 따라서 비트코인을 부정적으로 보는 사람들은 비트코인이 금이나
부동산처럼 그 자체의 가치가 없어 과거 네덜란드 튤립 구근처럼 한순간에 물거품으로
사라질지도 모른다고 여긴다.

## 10

# 영원한 생명을 디자인한다
# 생명공학

늙지 않고 영원히 살고 싶은 인간의 욕망은 실현될까?
수명 연장으로 길어진 인생은 행복일까, 불행일까?
생명공학이 바꿀 우리의 미래는 어떤 모습일까?

글 / 이 랑

## ☆ 신의 영역을 넘보는 생명공학

**영원히 죽지 않는 시대가 올 것인가?**

그리스 신화에 등장하는 '새벽의 여신' 에오스는 미소년 티토노스를 너무나 사랑한 나머지, 제우스에게 티토노스를 영원히 살게 해달라고 부탁한다. 에오스의 애절한 부탁에 제우스는 티토노스에게 영원한 생명을 준다. 하지만 그에게 젊음까지 준 건 아니었다. 젊음을 얻지 못한 티토노스는 해가 갈수록 늙어갔다. 온몸이 주름으로 뒤덮여 쭈그러들었고 이를 보다 못한 에오스는 그를 방에 가둬 버렸다. 그리고 한참이 지나고 방문을 열었을 때 티토노스는 매미로 변해 버렸다. 영원히 산다는 것은 인간의 변치 않는 욕망이다. 하지만 여기에는 한 가지 소원이 더 추가된다. 늙지 않고 영원히 사는 것. 지난 세기만 해도 이러한 인간의 소망은 허황된 꿈으로만 여겨졌다. 하지만 지금은 다르다.

*"2050년이면 120세 시대가 올 것이다."*
-스티브 호바스, *UCLA 대학 유전학 교수*

*"30년 내로 인간은 영원히 살 수 있다고 확신한다."*
-드미트리 이츠코프, *러시아 과학자*

*"2045년에는 특이점이 와서 인간은 영원히 살 수 있을 것이다."*
-레이 커즈와일, *구글 엔지니어링 이사, 미래학자*

이제는 100세 시대를 넘어 120세, 아니 그 이상도 가능할 것이라는 학자도 있다. 앞으로 30년 안에 인간이 영원히 사는 방법을 찾아낼 거란 믿음의 바탕에는 바로 생명공학 기술이 있다.

## 세계는 지금 젊음을 되돌리는 연구 중

사람은 왜 늙을까? 수많은 연구에도 불구하고 노화에 대한 정확한 원인은 밝혀지지 않았다. 다만 음식이나 호흡을 통해 세균이나 바이러스, 유해한 물질이 몸속에 들어가고 세포가 이를 처리하는 과정에서 손상을 입는데, 이것이 누적되면서 노화가 진행된다고 추측하고 있다.

그럼, 사람은 얼마나 오래 살 수 있을까? 성경에는 므두셀라

(687~1656)가 969세까지 살았다고 하고, 중국에는 리칭윤(1680~1933)이 256세까지 살았다는 기록이 있지만, 이는 신화 같은 이야기로 현실에서는 122세까지 생존한 프랑스의 잔 루이즈 칼망(1875~1997)이 가장 오래 산 인물로 기네스북에 기록되어 있다.

인간의 기대수명은 계속 늘어나 2019년 대한민국의 평균 기대수명은 83.3세에 달한다(통계청). 조선 시대 일반 남자의 평균 수명이 약 35세였으니, 100년 만에 인간의 기대수명은 50년가량 늘어난 셈이다. 인간의 수명이 늘어날 수 있었던 이유는 사회제도를 비롯한 의학과 생명공학 기술의 공이 크다. 2000년대 들어서는 생명 연장과 건강한 삶을 위한 기술이 더 가파르게 발전하고 있다. 이제 생명공학자들은 노화를 멈추는 것이 아니라, 아예 세포를 다시 젊게 되돌리는 법, 젊음을 유지한 채 장수할 수 있는 방법을 찾는 데 매진하고 있다.

# ✪ 생명공학 혁명, 이미 시작되었다

## 인류의 생존과 생명공학

생명공학의 역사는 생각보다 훨씬 길고, 우리 가까이에 있다. 생명공학의 시작은 18세기 이전 우연히 발견한 '발효' 기술부터라고 할 수 있다. 이후 인간은 수확량과 토지의 이용을 늘리기 위해 작물을 교배하는 등 목적에 따라 생명 시스템을 인위적으로 바꾸는 기술을 연구했다.

이 중에서 인류에 크게 영향을 미친 생명공학 관련 산업은 세 가지로 분류할 수 있다. 첫 번째는 질병과 노화를 연구하는 '레드 바이오산업'이다. 사람의 피에서 이름을 딴 레드 바이오산업은 전체 바이오산업의 65%를 차지할 정도로 미래 가치가 큰 분야이다.

두 번째는 자연의 색을 상징하는 '그린 바이오산업'으로 먹거리를 연구하는 분야다. 인간의 평균 수명이 늘면서 인구가 증가하는 반면, 지구는 기후변화와 환경파괴로 식량을 생산할 땅이 줄고 있다. 학자들이 '21세기형 보릿고개'가 닥칠 것이라고 예언하는 이유이기도 하다. 식량 부족과 빈곤 문제를 해결하기 위해 그린 바이오산업은 인류에게 매우 중요하다.

마지막 세 번째는 검은 공해를 하얀 공기로 바꾸자는 의미의 '화이트 바이오산업'으로, 환경과 에너지 관련 산업을 말한다. 식물을 이용해 바이오 연료나 썩는 플라스틱을 만드는 사례나 미생물을 이용한 하수 처리 등이 화이트 바이오산업의 대표적인 예이다. 전 세계적으로 환경보호에 대한 인식과 깨끗한 지구를 만들기 위한 열망이 점차 강해지면서 화이트 바이오산업도 주목을 받고 있다.

DNA를 자르고 붙이고 교정하는 '유전자 가위(편집) 기술'과 줄기세포 연구 등 늙은 세포를 아예 젊은 세포로 되돌리는 연구는 레드 바이오산업에 속한다. 유전자 가위 기술을 이용하면 바르기만 해도 근육이 생기는 근육증강제, 바르면 필러를 맞은 효과를 주는 연고, 먹기만 해도 유전자 자체를 교정하는 맞춤형 신약이 나올 수 있다. 병충해에 약한 유전자를 제거한 품종을 개발해 식량난을 해소할 수 있으며, 생분해성 바이오 플라스틱으로 해양 쓰레기를 처리할 방법을 찾을 수도 있다.

## 생명공학 영역에서 우리가 할 수 있는 일

몸이 아픈데 쓴 약을 매일 복용해야 하는 환자들은 얼마나 고통스러울까? 달콤하고 맛있는 약을 만드는 마법사 같은 직업은 어린이 환자나 쓴 약으로 힘들어하는 환자들에게는 기쁜 소식이 아닐 수 없다. 실제 미래엔 맛있고 먹기 쉬운 약과 대체 음식을 만드는 '닥터 셰프'란 직업이 등장할 것으로 예측된다. 사람들이 원하는 맛으로 약을 만들어 누구나 쉽게 먹을 수 있게 제조하는 일을 하는데, 제약사와 제과사가 고객 맞춤형 약과 대체가능 음식을 함께 만드는 식이다. 평생 약을 복용해야 하는 당뇨나 고혈압 환자들에게 먹기 편한 분자 형태의 약을 제조해주거나, 약을 환자가 좋아하는 음식으로 대체해 만들어줄 수도 있다.

닥터 셰프라는 미래직업도 그 근간에는 생명공학 기술이 있다. 생명공학은 연구에서부터 출발하기 때문에 가장 대표적인 직업은 '생명과학 연구원'과 '생명공학 연구원'이다. 이 둘은 생물학, 의약, 식품, 농업 등의 분야에서 생명체와 생명현상을 탐구한다. 차이가 있다면 생명과학 연구원은 과학적인 원리에 초점을 두고 이론과 응용을 연구하는 반면, 생명공학 연구원은 생명과학 연구내용을 활용해 갖가지 물질을 생산하거나 조작하는 공학적 측면에 초점을 둔다. 하지만 갈수록 생명과학도 응용적인 측면을 부각하기 때문에 둘의 경계를 구분하기보단 생명공학 연구원으로 많이 불리고 있다.

## 🌟 미래를 바꿀 생명공학에 뛰어든다면

### 생명공학의 확장성은 무궁무진

생명공학은 인체, 동물, 미생물, 식물 분야라는 생명체를 다룬다는 점에서 확장성이 매우 크다. 우선 인체 분야에서는 주로 인간 유전체를 연구하고 암과 같은 난치병의 예방과 치료기술 등을 연구한다는 점에서 의약학과 맞닿아있다. 동물 분야는 동물 복제기술이나 동물 형질전환기술, 실험동물 생산 등을 연구하고, 미생물 분야는 미생물의 유전체에 대한 연구를 바탕으로 농업, 환경, 식품 영역의 미생물 이용 기술을 연구한다. 식물 분야는 식물 유전체의 해석과 기능, 조직배양기술, 형질전환기술 등을 다룬다.

생명공학은 유전자 조작이나 세포 조작 기술과 같은 응용 연구가 강세지만, 갈수록 다른 과학기술과 융합하는 연구 분야로 확대하고 있다. 특히 생명과학에 IT(바이오 인포메틱스), 화학(바이오 케미칼), 기계(바이오 메카닉스), 전자(바이오 일렉트로닉스) 분야의 융합이 두드러진다. OECD 〈바이오경제 2030 보고서The Bioeconomy to 2030 : Designing a Policy Agenda〉에서는 기후변화와 고령화 등 인류의 난제를 극복하기 위한 핵심기술로 생명공학을 꼽고 있다. 실제 보건·의료, 생물정보, 환경·에너지 등 타 기술과의 융합과 응용 분야가 확대되고 있으며, 우리나라도 미래 국가경쟁력을 높이기 위해 바이오제약, 바이오에너지, 뇌과학 등 바이오산업을 육성하고 있다.


## 생명공학과 데이터의 위대한 만남

데이터가 자산이 되는 디지털 세상에서 생명공학 데이터는 엄청난 가치를 가진다. 생명공학과 빅데이터가 만나는 유망직업인 '유전체 분석가'의 경우, DNA·유전자·염색체를 포괄하는 유전체에서 데이터를 수집하고 가공해 분석한다. 유전체 분석정보는·암을 비롯한 여러 질병의 진단과 예방에 쓰이고, 환자맞춤형 의약품이나 각종 생활 서비스를 연계할 때 응용된다. 예를 들어 '음식 코디네이터'란 미래직업은 개개인에 맞는 식재료와 식단을 개발하고 건강 상태에 맞는 음식을 제공하는 서비스에 유전체 정보를 활용할 수 있다.

한편, 아직 국내 유전체 검사기관에서는 탈모, 혈압, 피부노화 등 검사항목이 제한적이지만, 항목이 늘어나면 헬스나 뷰티케어, 식생활 등 데이터 활용의 확장성은 더 커질 수밖에 없다. 또 의료, 제약, 화장품, 농업, 식품 등에 유전체 정보가 활용되면 새로운 직업군의 탄생도 가능하다.

생명공학과 데이터의 만남은 생명정보학Bioinformatics이란 학문의 발전에도 기여하고 있다. 유전체 분석도 생명정보학에 기반하며, 생물학(생명과학)을 연구한다는 점에서 생물학 지식뿐 아니라 코딩 역량을 동시에 요구한다. 생물학을 모르면 유전체 분석에 필요한 툴을 제대로 개발하기 어렵고, 이후 분석정보를 해석하거나 응용하는 데도 한계가 있기 때문이다. 또 코딩을 하지 못하면 대량의 데이터를 다루고 가공하기

빨강형광유전자 발현 강아지 루피. 관악구청 제공.

어렵다. 이처럼 과학기술의 융합이 더 활발해지는 미래에는 생명공학자의 코딩 능력은 중요한 역량이 된다.

　　이외에 스마트팜을 통해 식물과 식생에 관한 데이터를 분석하는 연구라든지, 친환경 식량 생산기술 개발에 데이터를 활용하는 등 데이터 기반 생명공학 연구가 활발해질 전망이다.

## 미래 산업의 최전선에 생명공학이 있다

인간의 욕망은 끝이 없고, 지금보다 더 편한 삶, 나은 삶을 꿈꾼다. 생명공학은 인간의 가장 직접적인 욕망에서 시작해 미래에 닥쳐올 지구의 위기와 직결되어 있는 분야이다. 게다가 2019년 말 전 세계에 팬데믹을 불러일으킨 코로나19 사태로 생명공학 기술은 더욱 주목받고 있으며, 앞으로 생명공학에 대한 관심은 더 커질 수밖에 없다. 현재 10대 글로벌기업 중 절반 이상이 구글, 아마존 같은 플랫폼 기업이지만, 앞으로는 생명공학 기업이 세계 경제를 이끌어나갈 것으로 예상된다.

그러나 생명체가 가지고 있는 고유한 본질과 시스템을 인위적으로 변형하거나 조작한다는 이유로 생명공학 기술에는 언제나 윤리적 논란이 뒤따른다. 생명공학자를 바이오해커라고 부르는 사람들이 있는 것도 이 때문이다. 여기서 바이오해커는 생물의 구조와 기능을 과학적으로 연구하는 생물학에 해커를 합친 말로, 해커는 다른 컴퓨터에 침투해 그 안의 정보를 훔치거나 망가뜨리는 행위를 한다. 복제인간을 생산해 통제된 환경에서 키우다 필요할 때마다 장기를 적출해 부자들의 치료제로 사용한다는 설정의 영화 '아일랜드'(2005)처럼 생명공학 기술이 오용되는 윤리적 사안에 대해서는 깊이 생각해봐야 한다.

우리나라는 유전자 편집 기술을 이용한 배아 연구가 지극히 제한적이다. 유전병 종류만 해도 6천여 가지가 넘지만, 우리나라 생명윤리법은 21개의 유전병에 대해서만 유전자 편집 기술을 허용하고 있을 뿐이다. 수명 연장과 같은 기술은 사회 불평등이나 일자리 문제 등과 밀접한 관계가 있다. 빈부격차로 인해 부자들은 젊고 건강하게 생명을 유지하지만, 가난한 사람은 아예 기회조차 얻지 못할 수 있다. 전 세계가 앞다투어 생명공학 분야에 투자하고 있는 상황에서 다가올 문제들을 어떻게 풀어나가야 할지에 대한 고민도 커지고 있다. 하지만 인류는 문제를 일으키기도 했지만, 항상 그 문제를 해결하는 방향으로 기술을 발전시켜 왔다. 생명공학 기술이 아직 가보지 못한 미래 시대를 연다는 점에서 우리가 할 수 있는 일은 상상을 뛰어넘는 수준이 될지도 모른다.

☐ 생명과학 연구원

생물학, 의약, 식품, 농업 등 생명과학 분야의 이론과 응용에 관한 연구를 통해
다양하고 복잡한 생명현상을 탐구한다. 생명과학 연구원은 생명체나 생명체가
가진 현상을 이해하고 규명하는 연구를 주로 한다. 연구내용을 활용해 갖가지
물질을 생산하거나 조작하여 응용하는 연구는 생명공학 연구원이 주로 한다.

☐ 생명정보학자

생명현상에 대한 데이터를 분석한다. 주로 유전자를 분석하고 분석한 결과가
어떤 질병과 관련이 있는지를 찾아낸다. 유전자에 돌연변이가 있는지, 특정
유전자가 어떤 질병에 제대로 작동하지 않는지와 같은 현상들을 생명 데이터로
생산하고 분석하며, 다른 연구원들과 협력해 유전병 치료제를 개발하는데
참여하기도 한다. 생명현상에 관한 빅데이터를 분석하는 경우도 많다.

☐ 닥터 쉐프

고객의 몸상태에 따라 맞춤음식과 의약품을 제공하는 미래직업이다. 제약사와
제과사가 협력해 약과 대체가능 음식을 제조한다. 약을 원하는 맛으로 만들어
쉽게 섭취하도록 도와주기도 한다. 약복용에 관한 번거로움을 피해 쉽고 편안한
분자 형태로 평생 먹어야 하는 약품을 제공해준다.

☐ 지능형 환자 맞춤약 프로그래머

의료 빅데이터 기술을 이용한 맞춤약 개발자다. 고객의 의료 빅데이터를 분석한
뒤 고객의 특성이나 상황에 맞는 맞춤약을 개발한다. 필요한 기술로는 차세대
유전체 분석 칩, 체내 이식형 스마트 바이오센서, 지능형 환자 맞춤약, 의료
빅데이터 기술 등이 있다.

## 미래직업 하이라이트

□ 음식 코디네이터

고객 개인의 건강에 맞게 맞춤음식을 제공한다. 의료 빅데이터 분석을 통해
식재료를 연구하고 개개인의 체질과 건강상태에 맞춘 식단을 개발한다. 고객의
건강상태에 따른 음식을 매일 제공해줄 수도 있다.

□ 유전자 커플 매니저

유전적으로 최적의 조합을 이룰 수 있는 커플을 찾아 이어주는 커플 매니저이다.
고객의 유전자 정보를 수집하고 유전자가 서로 잘 맞는 사람을 매칭한다.

□ 헬스 스캐너

체내 이식형 스마트바이오 센서를 통해 수집된 정보를 수집하고 분석한다.
생체리듬을 모니터링하고 건강문제를 예측하며, 건강에 문제가 생기면 구체적인
치료방법을 제안하기도 한다. 수집된 빅데이터를 분석해 신약이나 치료법을
개발할 수도 있다.

□ 수면 컨트롤러

적절한 휴식을 통해 최적의 활동을 할 수 있도록 고객의 수면의 질을 조절하고
관리한다. 개인 맞춤 수면 유도물질을 개발하거나 다양한 바이오기술을 이용해
고객의 편안한 수면을 돕는다.

□ 감정 컨트롤러

고객의 생체리듬과 감정을 모니터링하고 치료와 관리를 하는 감정관리사이다.
다양한 형태의 모니터링 기기를 활용해 고객의 감정과 생체정보를 실시간
모니터링 하고 감정상태를 분석해 치료에 개입한다.

### ☐ 스마트 VR 렌즈 전문 안과의사

렌즈 삽입술을 시행하는 의사는 현재도 있다. 하지만 바이오기술이 결합되면 지금보다 전문적인 영역으로 자리 잡을 전망이다. 스마트 VR 렌즈란 스마트폰을 대신하는 특수 렌즈를 뜻한다. 스마트 VR 렌즈 전문 안과의사는 이 렌즈의 삽입 또는 제거 수술을 하고, 통신사와 연계해 렌즈 결함이나 통신 장애 등을 관리하는 미래형 직업이다.

### ☐ 바이오 플라스틱 디자이너

바이오 플라스틱을 활용한 다양한 제품을 디자인한다. 첨단기술과 아름다운 디자인을 동시에 구현해야 하므로 바이오 기술은 물론 바이오 플라스틱의 특성을 잘 알아야 하며, 미학적인 감각도 필요하다. 바이오 플라스틱 제품 예시로는 아기의 건강 상태를 모니터링하는 웨어러블 아기용품, 생분해 농사용 비닐과 같은 바이오 농업용품, 땅에 버리면 저절로 비료로 변하는 종이컵 등이 있다.

### ☐ 바이오 센서 제작 · 수리전문가

체내 이식형 스마트 바이오 센서를 수리하거나 교체해주는 일을 한다. 사람들의 몸속에 삽입하는 각종 센서가 상용화되면 등장할 미래직업으로, 바이오 센서를 전문적으로 제작 · 수리 · 관리하는 일을 한다.

*미래직업 하이라이트 내용은 한국고용정보원 워크넷 (www.work.go.kr)의 직업정보를 참조해 작성하였다.

## 유전자변형은 정말 동물에 해가 없을까?

유전자를 조작해 만든 형광빛 '글로피시(Glo Fish)'라는 관상용 물고기가 있다.
글로피시는 빛의 종류에 따라 색이 달라지는 특징이 있다. 글로피시는 1999년 싱가포르
국립대학에서 하천의 오염을 감시하기 위해 만들어졌는데, 미국의 젊은 사업가 2명이
글로피시에 대한 전 세계 특허권과 독점 판매권을 따냈다. 글로피시 출시 소식이
전해지면서 미국 언론은 '프랑켄 피시'라는 단어를 써가며 유전자변형 동물에 대한
우려를 드러냈다. 이전에도 형광 돼지, 형광 토끼, 형광 개(한국에서 만들었다) 등이
만들어졌지만, 이들은 모두 실험실에만 있었을 뿐 유전자변형 동물이 실험실 밖으로
나온 것은 글로피시가 처음이었다. 2004년 1월 미국 전역에 글로피시가 출시되자마자 이
빛나는 물고기는 단박에 소비자들의 마음을 사로잡았다. 사람들은 유전자변형 논란이나
생태계 교란에는 관심이 없고, 오히려 물고기에 염색을 하는 방식에 비해 동물복지
측면에서 유전자변형이 동물에게 고통도 적고 쉬운 방법이라며 환영했다. 글로피시가
된다면 형광 강아지는 안 될 이유가 있을까? 유전자변형으로 형광 강아지도 나오고 형광
돼지도 나온다면 어떨까? 과연 유전자변형은 동물에 해가 없을까?

## 유전자 가위(편집) 기술은 윤리적으로 문제가 없을까?

2003년 약 30억 개의 염기쌍을 가진 DNA를 해독한 인간 유전체 지도가 완성되었다. 이후
수많은 과학자가 유전자를 자르고 붙이고 삽입을 시도하며 질병 없는 세상을 꿈꿨지만,
그 과정은 너무 어렵고 복잡했다. 2012년 미국 버클리 캘리포니아대학 제니퍼 다우드나
교수와 독일 막스플랑크 연구소 에마뉘엘 샤르팡티에 교수가 이런 복잡한 상황을
종식시키는 유전자 편집 기술인 '크리스퍼(CRISPR)'를 개발했다. 이전에도 크리스퍼는
있었지만, 다우드나 교수와 샤르팡티에 교수가 발견한 크리스퍼는 아주 획기적이었다.
DNA를 자르는 단백질과 어느 지점을 정확하게 자르면 되는지 인도하는 가이드격의
RNA, 단 두 가지 시스템으로 구성되어 있었기 때문이다. 한글 문서에서 Ctrl X와 Ctrl

V를 사용해 간단하게 문장을 자르고 붙일 수 있는 것처럼 크리스퍼로 인해 유전자 역시 간단하게 잘라내고 붙일 수 있게 되었다. 이 기술은 손쉽게 손상된 유전자를 없애고 정상 유전자로 갈아 끼울 수 있어 난치병 치료에 진전을 기대할 수 있을 뿐 아니라, 모든 생물의 유전체를 수정할 수도 있다. 두 교수는 이 공적을 인정받아 2020년 노벨화학상을 공동 수상했다. 문제는 이 기술이 너무나 간단하고, 싸고, 정확하다는 데 있다. 이제는 전문가가 아니라도 관심만 있으면 어떤 생명체의 유전자도 저렴하게 조작할 수 있게 되었다. 하지만 무분별한 유전자 조작은 엄청난 문제를 유발할 수 있다. 유전자 조작을 유용하게 활용하기 위한 윤리조항에는 어떤 내용이 포함되어야 할까?

## 혈액을 사고파는 것은 과연 정당한 일인가?

2016년 미국 버클리 캘리포니아대학 콘보이 교수 부부는 3개월 된 수컷 쥐와 23개월 된 수컷 쥐의 혈액을 절반씩 교환하는 실험을 했다. 사람으로 치면 12세 소년과 95세 할아버지의 혈액을 교환한 셈이다. 실험 결과는 성공적이었다. 23개월 된 늙은 쥐는 혈액 교환 후 젊어지기 시작해 5일 만에 손상된 근육을 회복했다. 반대로 3개월 된 젊은 쥐는 노화 유전자가 빠르게 퍼졌다. 이 실험은 혈액만 주고받아 결과를 얻어냈다는 점에서 학계의 주목받았다. 이 연구 결과가 나오고 2017년 미국에서는 '암브로시아(Ambrosia)'라는 벤처기업이 창업을 했다. 암브로시아는 젊은 사람의 혈액을 사서 35세 이상의 사람들에게 팔았다. 혈액을 투여받기 위해서는 만만치 않은 돈을 내야 했지만, 젊은 피를 수혈받기 위한 줄은 길게 늘어섰다. 그러나 이 사업은 오래가지 못했다. 2019년 미국의 FDA(식품의약국)에서 안전성을 이유로 들어 혈액을 사고파는 데 제재를 가했기 때문이었다. 우리나라를 비롯한 많은 국가에서 매혈은 금지사항이다. 헌혈은 권장하지만, 매혈은 왜 금지하는 것일까? 첫째는 위험성 때문이며, 그 다음은 혈액을 사고파는 것이 허용되는 순간, 피를 파는 사람이 저소득층에 집중될 수밖에 없기 때문이다. 매혈 사례처럼, 연구 결과가 긍정적이라고 해서 예상되는 사회문제를 무시하고 기업의 이윤을 따른다면 어떤 문제가 발생할지 한번 생각해 보자.

## 11

건강관리 패러다임의 변화

# 스마트 헬스케어

기대수명이 연장되면서 건강은 행복의 필요충분조건이 되었다.
지금은 헬스케어 3.0시대. 건강을 위해서는 질병 치료를 넘어 예방과 관리가
중요해졌다. 과학기술이 지금보다 더 발전했을 때, 다가올 미래의
건강한 삶이란 과연 어떤 모습일까?

글 / 윤미희

## ✯ 영화 속 헬스케어, 미래의 헬스케어

똑똑하고 친절하며 유능하기까지 한 치료 로봇?

'아일랜드'(2005)는 복제인간에 관한 이야기를 다룬 SF 영화이다. 영화에서는 침대에서 눈을 뜬 주인공에게 인공지능AI, Artificial Intelligence이 "굿모닝, 수면장애 발견, 주치의 연결 예정"이라며 말을 걸고, 화장실에서 소변을 보면 이를 분석해 인공지능이 "나트륨 과다 검출, 영양분 조절 권장"이라는 결과를 알려준다. 이 진단은 아침 식단까지 영향을 미친다.

영화 '아이언맨3'(2013)에 등장하는 인공지능 비서 자비스는 업무 처리도 뛰어나지만, 건강관리도 훌륭하다. 심장과 뇌를 체크하라는 지시에 "심장이나 뇌에는 이상 없어요"라고 응답하기도 하고, 주인공의 "독극물에 중독됐냐"라는 질문에 "제 진단으론 심각한 불안증세예요"라고 대답하기도 한다.

　　애니메이션 '빅히어로'(2014)에 나오는 건강관리 로봇은 포근하기까지 하다. 주인공이 다쳤다고 판단한 로봇 베이맥스는 "1에서 10까지 당신의 고통 번호는 무엇이냐"고 묻는다. 주인공이 "신체적으로? 아니면 정신적으로?"라며 되묻자 동문서답이라고 파악한 베이맥스는 "당신을 스캔합니다"라고 안내하고는 "당신의 팔뚝 피부에 따가움이 있습니다"라며 정확하게 진단한다. 이어 "항균 스프레이를 뿌리는 걸 권장합니다"라며 처방까지 내린다. 애니메이션에서는 베이맥스의 칩에 1만 개의 의학적 기술이 들어 있어 이런 진단이 가능하다는 설정이다.

　　SF 영화 '엘리시움'(2013)에서는 한 단계 더 나아가 상처는 물론 뼈와 조직을 재건하고, 암 같은 모든 질환을 진단하고 즉시 치료하며, 노화 방지도 가능한 만능 의료기기인 캡슐형 베드가 등장한다. 이 의료기기는 환자 몸을 스캔해서 질병을 찾아내어 진단한다.

　　영화 속에 그려지는 미래의 모습은 종종 현실의 모습이 되곤 한다. 영화에서 등장하는 건강관리 인공지능이나 주치의 로봇, 만능 캡슐형 베드 같은 일들이 과연 미래의 우리 일상에서도 일어날까?

## 헬스케어 3.0 시대, 헬스케어 4.0시대를 향하여

*"우리의 삶에서 가장 귀중한 것은 건강이다."*
*- by 히포크라테스*

건강은 큰 자산이다. 건강은 우리 삶에서 가장 중요한 요소이며, 아프길 원하는 사람은 없다. 시대와 지역을 불문하고 건강은 만사의 기반을 이루는 소중한 가치이다.

인류는 아주 오래전부터 전염병과 싸워 왔다. 윌리엄 맥닐이 집필한 〈전염병과 인류의 역사〉에서는 성경 기록부터 기원전 히포크라테스의 전집, 고대·중세·근대 시대까지 전염병이 삶에 미친 영향을 추론하고 있다. 전염병 예방이 주요 목표였던 18세기에서 20세기 초반을 헬스케어 1.0시대라고 한다. 이 시기는 유럽을 중심으로 산업혁명이 일어나면서 공장이 생기고, 도시로 인구가 유입되면서 비위생적인 환경 등으로 전염병이 창궐했다. 전염병의 발생은 자연스럽게 치료법 개발과 예방 백신 개발을 위한 연구와 투자로 이어졌다.

**헬스케어 연대기**

20세기에 들어서면서 도시 인프라가 정비되고 본격적인 질병 치료가 이루어지면서 헬스케어 2.0시대가 시작되었다. 세계 경제뿐 아니라 화학 및 기계산업의 발달로 의약품과 의료기기도 꾸준하게 발전했다. 또한 각국은 의료서비스를 제도적으로 갖춰나가기 시작했고, 이와 같은 전반적인 발전은 사망률 감소 및 인간의 기대수명 증가로 이어졌다.

한국은 2017년에 고령사회로 진입했고, 우리나라 국민의 기대수명[1]은 2019년 기준 83.3년[2]으로 나타났다. 그러나 늘어난 인간의 기대수명은 인구의 고령화 및 노인성질환, 만성질환 등의 문제를 야기했다. 이 같은 사회문제는 의료비용 증가로 이어졌고, 개인뿐 아니라 국가 부담이 현실화되었다. 이를 해결하기 위해 기존의 질병 치료 중심의 의료서비스가 질병의 예방, 건강관리 및 건강증진 등의 범위로 확대되었다. 인구 고령화로 인해 질병 치료만큼 중요해진 것이 건강하게 오래 사는 것이 되었기 때문이다. 즉, 질병의 예방과 건강관리에 관한 관심이 더욱 증가하였고, 헬스케어 분야의 변화와 발전을 가져왔다. 이처럼 치료 중심에서 벗어나 예방과 관리로의 패러다임 변화를 헬스케어 3.0시대라고 한다.

헬스케어는 변화의 중심에 있다. IT 기술의 발달과 사회적 문제를 기반으로 대응적·사후적이던 헬스케어가 미래 예측과 예방의학을 중심으로 하는 헬스케어 3.0시대로 진화하고 있다. 그리고 그 너머의 미래에는 누구도 아프지 않은, 혹은 노화가 없는 헬스케어 4.0시대가 기다리고 있다.

---

1 통계청, 0세 출생자가 앞으로 생존할 것으로 기대되는 평균 생존연수
2 OECD, 〈보건 통계 2021〉(출처: 보건복지부 발표 자료, 2021. 07. 20.)

## 디지털과 헬스케어의 스마트한 만남

IT 기술의 발달은 디지털기기의 보급과 확산으로 이어졌고, 이는 헬스케어 분야에도 큰 영향을 미쳤다. 흔히 헬스케어를 '디지털 헬스케어' 혹은 '스마트 헬스케어'라는 용어와 혼용해서 사용하기도 한다. 이는 건강 분야의 확대, 특히 정보통신기술ICT과 결합하여 헬스케어 서비스가 확대 보급되었기 때문이다.

개인의 질병과 전반적인 건강관리를 포함한 데이터 기반 개인맞춤형 의료서비스를 '디지털 헬스케어Digital Healthcare', 스마트 기기를 기반으로 개인의 건강 상태를 실시간 모니터링하고 관리해 맞춤형으로 진료하는 것을 '스마트 헬스케어Smart Healthcare'라고 한다. 스마트 헬스케어는 빅데이터, 인공지능, 사물인터넷IoT, 클라우드 등의 디지털 기술을 헬스케어 분야와 융합하여 제공하는 지능형 서비스의 의미도 포함한다.

애니메이션 '빅히어로'에 등장하는 건강관리 로봇 '베이맥스'. 네이버영화, 월트디즈니 제공.

인공지능이 암을 검진하고 스마트워치로 건강관리를 한다. 이것이 보건의료산업에 IT 기술을 접목하여 제공하는 디지털 헬스케어 혹은 스마트 헬스케어 서비스이다. 즉, 헬스케어 분야 발전을 위해 기술 발달과 이를 적용하는 과정은 필수적이다. 애니메이션 '빅히어로'의 건강관리 로봇 베이백스도 결국 '디지털 헬스케어'의 결과물이다.

## ✨ 기술 발달과 개인 맞춤형 헬스케어

**언제나! 어디서나! 일상 속 건강관리**

초기 웨어러블 디바이스3는 '만보기'를 주요 기능으로 스마트폰의 액세서리 같은 존재에 불과했다. 이후, 걷기·운동·서기 등의 활동을 감지할 수 있는 앱이 탑재된 스마트워치가 출시되면서 건강관리가 가능해졌다. 특히, 건강에 대한 이상증세를 면밀하게 체크해야 하는 상황이 증가하면서 스마트워치는 디지털 헬스케어의 핵심 도구로 떠올랐다. 소형화·경량화되어 몸에 부착할 수 있는 적절한 크기의 의료기기 제품에 대한 니즈가 스마트워치로 실현된 것이다.

스마트워치를 착용하고 있으면 몸이 보내는 신호를 시간과 장소에 상관없이 데이터로 측정할 수 있다. 이런 특징은 스마트 기기를 활용하여 스스로 건강 상태를 수시로 점검하고 병원 방문 횟수를 줄이는 등 일상

---

3 웨어러블(Wearable)은 '착용할 수 있는'이라는 의미이고, 디바이스(Devices)는 '기기, 장치'라는 뜻. 즉, 입을 수 있는 기기를 의미한다.

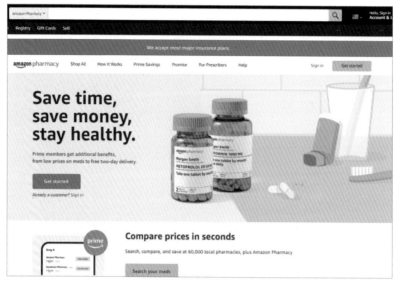

아마존파머시 홈페이지.

의 편리함을 제공한다. 만약 착용하고 있던 스마트 기기에서 이상 증상이 발견되면 앱을 확인해보고, 의사 진단이 필요하면 우선적으로 앱이나 전화, 원격을 통해 상담한다. 약 처방으로 치료할 수 있는 가벼운 증상이라면 온라인으로 처방전을 받아서 약을 타거나 배달하면 된다. 아직 우리나라에서는 약 배송 서비스가 이루어지지 않지만, 해외에서는 활용되고 있는 서비스이다. 만약 추가 검사가 필요하다면 그때 병원을 방문하여 검사하고 진료를 받으면 되는데, 실제 이 과정이 보편화되면 우리 삶은 더 건강하고 편리해질 것이다.

### 스마트워치, 어디까지 알고 있니?

스마트워치에서 측정할 수 있는 항목들이 점점 늘어나고 있다. 현재 심박수, 심전도, 혈압, 혈중 산소포화도, 낙상 감지, 수면 중 호흡 등의 측정이 가능하다. 심장이 불규칙하게 뛰는 부정맥 환자의 경우에는 꾸준한 모니터링으로 이상증세 데이터를 확보하고 병원을 방문할 수 있다. 평소 건강 상태 점검이 가능하므로 이상징후를 포착하면 조기 치료를 받을 수 있는 것이다. 물론 일상적으로 건강을 지켜보는 것을 넘어선 과한 걱정과 불안은 조심해야 할 문제이다.

또한 스마트워치는 직접적인 건강 항목을 측정하여 심각한 질병을 예방하고, 나아가 신체리듬을 조절하고 관리하는데 유용하다. 예를 들어 수면 중 호흡 방해 증상에 대한 기능은 심장이나 폐 등의 건강 상태 문제를 짐작하여 알려준다. 수면의 질로 그날의 운동 강도를 조절하기도 하고, 수면 리듬이 기록된 데이터로 피로도 측정, 적절한 수면 시간대 찾기, 휴식시간 조정 등 다양하게 활용할 수 있다. 점점 더 진화하는 스마트워치의 기능은 새로운 기기가 출시될 때마다 많은 관심과 판매량 증가로 이어지고 있다.


## ☆ 헬스케어의 무한 확장


### 헬스케어와 인공지능(AI)이 만나면?

2017년 '리셋reSET'이라고 하는 페어 테라픽스사의 모바일 앱이 FDA(미국식품의약국)로부터 디지털 치료제로는 최초로 허가를 받았다. 디지털 치료제란 먹는 알약이 아니라 질병을 예방하거나 치료하기 위해 모바일 앱·게임·VR·챗봇·인공지능 같은 소프트웨어를 사용한 의료기기이다. 실제 디지털 치료제는 정신질환이나 신경질환, 만성질환과 심리장애처럼 꾸준한 관리가 필요한 환자들에게 효과가 있다. 영화 '캡틴 아메리카: 시빌워'(2016)에서는 토니 스타크가 인공지능 홀로그램을 통해 트라우마를 치료하는 기술을 시연하는 모습을 보여준다. 이런 형태가 바로 디지털 치료제의 일종이라고 볼 수 있다.

비슷한 시기 FDA는 일본 제약회사인 오츠카와 미국 스타트업인 프로테우스가 공동으로 개발한 '아빌리파이'라는 세계 최초의 디지털 알약(스마트 알약)을 승인했다. 디지털 알약 중간에는 실리콘, 구리, 마그네슘 등 인체에 무해한 물질로 만들어진 IEMIngestible Event Maker이라는 센서가 들어 있고, 알약이 위로 들어가 녹으면서 위액이 센서에 닿으면 전기신호로 바뀌어 환자의 웨어러블기기에 신호가 전송된다. 환자가 승인하

면 의료진도 정보를 확인할 수 있다. 디지털 알약을 먹으면 약을 먹은 날짜와 시간뿐만 아니라 신체 활동량이 기록된다. 이 약은 현재 조현병 치료제로 사용되고 있지만, 수술 후 환자의 상태를 체크하거나 먹어야 할 약이 많은 사람, 전염병처럼 국민 건강에 위협이 되는 경우 등 앞으로 사용 영역이 더 늘어날 것으로 예상한다.

이처럼 헬스케어 산업과 정보통신기술ICT이 융합하면 높은 활용도를 발휘한다. 집안의 모든 장치를 연결해 제어하는 사물인터넷IoT, Internet of Things 기술 기반의 스마트홈은 영화 '아일랜드'와 같은 건강 관리를 가능하게 할 것이다. 숙면을 위한 적정 온도나 코골이를 방지하는 각도 조절 침대, 소변 성분 분석으로 아침 식단을 조절하거나 영양제를 처방하는 일, 컨디션에 맞는 러닝머신 운동량 조절 등 최고의 건강과 최적의 컨디션을 유지하기 위해 디지털의 도움을 받는 것이다.


## 빅데이터, 클라우드 그리고 헬스케어

혹시 지금 팔목에 스마트워치를 차고 있는가? 최근에 진료를 받기 위해 병원을 방문한 적은 언제였나? 헬스케어 분야에서도 데이터는 아주 중요한 역할을 한다. 많은 데이터의 분석을 통해 질병을 예방하고 맞춤형 치료를 제공할 수 있기 때문이다.

우리는 꾸준히 헬스케어 분야의 데이터를 생산하고 있다. 스마트워치나 스마트패치로 심박수나 혈압, 체내 수분량 등을 모니터링하고 병원 진료를 다녀오면 증상, 처방 등의 진료 기록이 생산된다. 즉, 우리는 이미 건강에 대한 데이터 생산자인 것이다. 그러나 스마트기기와 병원 진료 등 한 개인에게 다양한 형태로 측정되고 각각 보관되고 있는 데이터는 단편적 측면만을 보여주거나 원하는 상황에 바로 활용하지 못하는 문제가 있다. 데이터는 개인에 대한 여러 데이터가 통합했을 때 비로소 의미있는 데이터로 가치를 발휘한다.

'클라우드Cloud'4 기술을 활용하면 여러 곳에 흩어진 개인 건강정보를 한곳으로 통합하여 원하는 대상에게 실시간 제공할 수 있지만, 이런 데이터는 개인의 민감한 정보이기 때문에 보안에 대한 제도 등이 갖춰져야 한다. 이 문제가 해결된다면 향후 의사, 간호사와 실시간으로 상담이나 진료를 받을 수 있고, 수시로 환자에 대한 모니터링도 가능하다. 또 건강관리 플랫폼이나 앱을 활용하면 개인 맞춤형 건강관리 서비스를 편리하게 이용할 수 있다.


## 미래의 헬스케어는 맞춤의학, 예측의학

IT 기술과 생명공학이 만나면서 의료는 놀라운 속도로 발전하고 있다. SF 영화 '엘리시움'에 등장하는 캡슐형 베드는 공상에서만 등장할 것 같은 기기이지만, 현대의학에도 비슷한 시스템이 있다. 바로 방사선의학이다.

최근 방사선의학 분야에서는 빅데이터를 기반으로 딥러닝에 의한 인공지능 판독기술을 개발 중이며, 생명공학 분야에서는 암세포를 정상세포로 되돌리는 실험에 성공했다. 이러한 연구 결과가 훗날 영화 '엘리시움'에서 등장했던 만능 의료기기를 만들어내게 될 것이다.

현재 헬스케어는 의사와 의료기관이 중심이며, 환자는 수동적이다. 특히, 의사가 갖고 있는 정보를 바탕으로 환자를 치료하고, 의료기관은 환자들의 치료 공간으로 사용하고 있다. 그러나 디지털 기술의 발전이

---

4. 데이터를 인터넷과 연결된 중앙컴퓨터에 저장해서 인터넷에 접속하기만 하면 언제 어디서든 데이터를 이용할 수 있는 기술

가속화되고 새로운 의료기기, 의료시스템, 의료서비스들이 나타나면 비대면 또는 원격진료를 통해 지역 간 의료격차를 완화할 수 있다. 실시간 수집 분석되는 생체정보는 질병을 예방해 사망률을 낮출 것으로 기대한다. 가까운 미래에는 기술이 보다 발전하면서 규제가 완화되어 맞춤의학, 예측의학이 건강하게 오래 사는 삶의 환경을 뒷받침할 것이다.

# 미래직업 하이라이트

□ 스마트 헬스케어 서비스 기획자

스마트워치와 같은 웨어러블 기기를 통해 건강관리와 관련된 서비스를
기획·개발한다. 성인, 어린이, 남녀 등 사용자가 누구냐에 따라 헬스케어
콘텐츠가 달라지는데, 사용자의 요구에 적합한 다양한 콘텐츠를 기획한다.
다이어트 식단, 영양 가이드, 식습관 평가 및 섭취량 조절, 식단평가, 운동량
평가, 운동 방법 지도 등의 건강과 관련된 서비스 제공한다. 이들은 기획부터
지표 개발, 개발자와 협업을 통한 서비스 구현, 테스트 및 검증·보완, 품질평가 및
오류에 대한 수정·보완 업무까지 담당한다.

□ 스마트 헬스케어 기기 개발자

스마트 헬스케어 서비스에 사용되는 액세서리나 웨어러블기기 개발을 주
업무로 한다. 기기에 대한 착용 방법, 형태, 무게, 용도, 사용환경, 소재, 기능
등의 세부적인 사항들을 파악하고, 센서, 부품, 전원, 네트워크 기능, 디자인 등을
고려하여 제품을 설계한다. 설계 이후 디자인을 수정하고 시제품을 제작하여
정확도 및 신뢰도 평가, 사용환경 테스트를 실시하는 등의 전반적인 업무를
수행한다.

□ 헬스케어 애플리케이션 개발자

헬스케어 애플리케이션을 개발할 전문가들의 수요가 늘어나고 있다. 이미
애플과 구글의 경우는 '헬스키트(Health Kit)'나 '구글피트(Google Fit)' 등을
개발했고, 앞으로는 더 많은 기업이 헬스케어 애플리케이션 개발에 뛰어들
것이다. 이 분야 애플리케이션 개발자는 일상적인 건강관리뿐 아니라 의료
관계자들을 위한 전문 애플리케이션을 개발하기도 한다.

### □ 헬스테크 디자이너

헬스케어 기술과 패션, 산업디자인을 아우르는 디자이너다. 생체리듬을 분석하고
모니터링 기술, 뇌파 감지 및 컨트롤 기술, 감성 치료 기술, 각종 디자인 제품 등을
개발하고 디자인한다. 차세대 유전체 분석 칩, 체내 이식형 스마트 바이오센서,
바이오 스탬프, 개인용 노화 속도계, 생체 모방 로봇 등의 기술이 필요하다.

### □ 원격진료 코디네이터

원격진료가 활성화되면 원격진료를 진행할 진료센터와 원격진료 코디네이터가
필요하다. 원격진료 코디네이터는 원격 의료기구나 해당 소프트웨어를 작동시켜
원격 의료를 돕는 사람을 뜻한다. 최적의 진료가 이루어질 수 있도록 환자에
대한 의료 데이터를 모으고 관리하며, 원격지 의사와 환자, 현지 의사 간의
원활한 소통이 이루어질 수 있도록 조율하는 역할도 수행한다. 데이터의 단순
이동이나 제공, 심층 분석 등 하는 일이 세분화될 수도 있다.

### □ 러닝 메이트

기술이 고도로 발전한 사회에서는 친구나 동료를 의미하는 메이트(Mate)의
존재가 중요하다. 러닝 메이트란 말 그대로 고객과 함께 운동하며 관리해주는
사람이다. 주요 업무는 고객과 함께 달려주고 소비 칼로리, 이동거리 등
운동정보와 현재 신체상태를 알려주는 것이다. 하지만 단순히 점검이나 관리만
해주는 것이 아니라 운동의 재미와 동기까지 부여해 주는 역할도
맡아 한다. 필요한 기술로는 사이버 메이트 헬스케어,
체내 이식형 스마트 바이오 센서 등이다.

\*미래직업 하이라이트 내용은 한국고용정보원 워크넷
(www.work.go.kr)의 직업정보를 참조해 작성하였다.

### 집 자체가 헬스케어 디바이스?

지금도 외부인이 집으로 억지로 들어오려고 하면 경보음이 울리거나 외출에서 돌아오기 전 집안을 따뜻하게 하는 등의 기술은 있다. 머지않은 미래, 이 기술은 한층 더 진보하여 집과 헬스케어 디바이스가 일체화될 예정이다. 집은 자체적으로 주거하는 사람의 혈압과 체온, 몸무게 등을 측정해 몸에 이상이 없는지를 확인해 의사와 상담할지를 살피고, 약을 제시간에 먹는지 등을 점검한다. 또 수면 중 호흡을 통해 수면 이상을 체크하거나 주방의 미세먼지를 측정해 자동으로 환기하기도 하고, 거실 바닥 센서를 통해 걸음걸이로 건강 이상을 확인하거나 넘어져서 다치면 119로 자동 연결하는 시스템을 갖추게 될 것이다. 아예 집 구조 자체가 움직일 수도 있다. 내장된 가구와 식탁이 평소에는 바닥에 숨겨져 있다 필요한 경우 올라오는 식이다. 앞으로 사람이 사는 집은 어디까지 발전할 수 있을까?

### 앞으로는 약국에 직접 갈 필요가 없다

세계 최대 전자상거래 업체인 아마존은 2020년 11월 온라인 약국 서비스 '아마존 파머시(Amazon Pharmacy)'를 출범했다. 소비자가 의사에게 받은 처방전과 자신의 약물 복용 이력, 알레르기 정보 등을 입력하면 아마존이 해당 약을 구해 집으로 배송해 주는 방식이다. 의료체계가 바뀐다면 우리나라에서도 아픈 환자가 굳이 약국을 방문할 필요 없이 웹사이트나 모바일 앱 등을 통해 약을 주문할 수 있을 것이다. 하지만 우리나라에서는 아직 금지되어 있는 사안이다. 온라인 약국을 금지한 이유가 무엇인지 생각해보고, 온라인 약국의 장단점을 함께 비교해보자.

## 웨어러블기기, 정보유출 문제는 없을까?

애플에서 출시한 '애플워치'는 고성능 심전도 센서를 탑재하고 있어 심전도, 산소포화도,
기초대사량, 체지방량, 근골격량, 체수분량 등 과거 전문 의료기기로만 가능했던
생체정보를 측정할 수 있다. 애플워치는 심방세동처럼 탐지가 어려운 부동맥을 잡아낼
수 있어 미국 FDA(식품의약국)로부터 의료기기 인증까지 받은 상태이다. 애플뿐만
아니라 페이스북, 아마존, 마이크로소프트, 구글 등 미국의 빅테크 기업은 헬스케어
분야에 투자를 아끼지 않고 있다. 구글은 '핏비트'를 21억 달러(약 2조 4,500억 원)에
인수하였으며, 아마존은 2020년 8월 헬스케어용 손목밴드 '헤일로'를 출시하였다.
페이스북 역시 심장박동 감지 기능을 탑재한 스마트워치를 개발 중이다. 미국의 빅테크
기업이 웨어러블기기에 눈독을 들이는 이유는 데이터 때문이다. 웨어러블기기를 통해
대규모 생체 데이터를 확보하고 분석해 병원과 제약회사를 추월하고자 하는 것이다.
그러나 개인의 생체정보는 일반 정보보다 훨씬 더 민감하다. 만약 개인의 생체데이터가
유출된다면 어떤 문제가 발생할지 함께 생각해보자.

## 12

식탁 메뉴가 바뀐다

# 미래식량

2,385,000. 이 숫자는 무엇을 의미할까? 한 해 동안 영양실조로 목숨을 잃는
아이들의 숫자라면 믿을 수 있을까?(2019년 기준, WHO).
먹거리가 넘쳐나는 것 같지만, 사실은 그 반대다.
땅은 사막화되고, 자원은 고갈되고, 바다는 썩어가고 있다.

글 / 이은수

## ☆ 앞으로도 계속 풍족할 것이라는 착각

**세계대전보다 더 큰 피해, 식량 위기가 온다**

1960년대 후반, 같은 면적에서 재래종의 배 이상을 수확할 수 있는 쌀과 밀의 신품종이 필리핀과 멕시코에서 개발되었다. 식량 부족에 처한 개발 도상국들이 적극적으로 이 기술을 도입하면서 세계적으로 농업 생산량 이 획기적으로 증가하게 되었다. 우리는 이를 '녹색혁명'이라고 부른다. 오 늘날 70억 명의 인구를 먹여 살리고 있는 녹색혁명은 아이러니하게도 인 류 역사상 가장 많은 인명 피해를 남긴 세계대전을 통해 가능해졌다. 2

차 세계대전 이후 개발도상국은 인구의 폭발적인 증가로 심각한 식량문제에 봉착하였고, 미국은 이러한 개발도상국의 빈곤 문제를 공산주의 확대의 주요 원인으로 보고 빈곤퇴치를 위한 프로그램에 주력하면서 녹색혁명에 성공하였다.

전문가들은 최근 전 세계가 겪고 있는 급격한 기후변화의 폐해가 두 차례의 세계대전보다 더 클 수도 있다고 경고한다. 영화 '인터스텔라'는 기후변화로 인해 식량 부족 상태가 된 지구를 배경으로 시작한다. 지구의 많은 지역이 황사로 뒤덮이고, 병충해 때문에 재배할 수 있는 곡물이 점점 줄어들어 주인공 가족은 옥수수를 키우며 자급자족한다. 세계경제포럼WEF의 〈2020 글로벌 리스크 보고서〉에 나오는 '세계 리스크 상호 연결 지도'에 따르면 상위 5대 리스크인 '기후변화 대응 실패', '급격한 기후변화', '생태 다양성 소실', '인공 환경재해', '자연재해' 등은 모두 '식량 위기'와 연결된다. 과연 인류는 지금 처한 위기를 극복하고 기회로 삼아 더 나은 미래로 나아갈 수 있을까?


## 곡물 생산량은 약 30% 감소, 인구는 약 100억 명으로 증가

최근 급격한 기후환경 변화와 인구 증가로 인해 인류는 먹거리 생산을 고민하게 되었다. 유엔식량농업기구FAO에 따르면 기온이 1℃ 상승할 때마다 식량 생산량이 10~15% 감소한다. 실제로 한 해 평균 2,500만 톤의 곡물을 생산하던 호주는 지난 5년여 동안 계속되는 가뭄 탓에 1,000만 톤 미만으로 곡물 생산량이 급감하였다.

2100년 기온은 지금보다 약 3℃ 더 올라갈 것으로 예상되는데, 그 결과로 식량 생산량이 30~40% 감소할 수 있다. 온도가 상승하면 해안가에 있는 비옥한 농경지가 바닷물에 잠길 수 있고, 잦은 기상이변으로 인

**세계 리스크 상호 연결 지도**

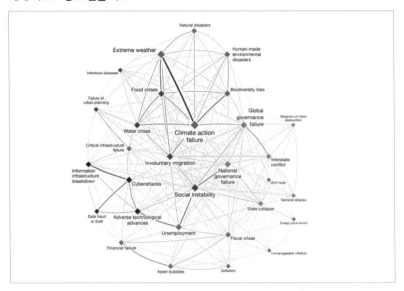

출처: 세계경제포럼(WEF), 〈2020 글로벌 리스크 보고서〉

한 홍수나 가뭄 등으로 식량 생산이 어려워질 수 있다. 〈한국기후변화 평가보고서〉(2020)에 따르면 기후변화로 인해 21세기 말에는 벼 생산량이 25% 감소하고, 옥수수 생산량은 10~20% 감소할 것으로 예상한다.

우리나라의 경우, 식량자급률은 46.7%에 불과하다(2018년 기준). 먹거리의 절반 이상을 수입에 의존한다는 얘기다. 미래학자들도 조만간 세계적으로 식량 대란이 도래할 것으로 예측한다. 그리고 식량 대란이 닥쳤을 때 가장 곤혹스러울 나라가 한국이라고 말한다. 이는 우리나라가 경제협력개발기구OECD 국가 중에서 식량 해외 의존도가 가장 높기 때문이다. 우리는 쌀과 달걀을 빼곤 거의 모든 식품을 해외에서 수입하고 있다. 이에 식량안보 문제가 꾸준히 제기되고 있다. 기후변화에 더해 산업화로 인한 농지 부족과 농업수 부족, 지하수 고갈 등으로 인한 문제도 적지 않다.

유엔식량농업기구FAO에 따르면 2050년까지 전 세계 인구가 현재 약 60억 명에서 약 98억 명으로 늘어나고, 육류 소비량은 연간 1,000억 마리로 늘어날 것으로 예상된다. 현재 전 세계 곡물 생산량의 약 3분의 1이 가축 사료로 사용되고 있으며, 가축 사육으로 배출되는 온실가스가 전 세계 총배출량의 15%를 차지하고 있다. 이미 지구는 포화 상태인데, 만약 늘어나는 인구와 우리가 소비하고 있는 엄청난 양의 육류가 가져오는 문제를 해결하지 못한다면, 극심한 기아와 혼란, 더 나아가서는 인류의 소멸까지 상상해볼 수 있을 것이다.

## ☀ 인류의 먹거리 개발을 위한 끊임없는 연구

### 미래식량으로 주목, 고기 없는 고기

미래의 식량 위기를 극복하기 위해 과학자들은 많은 연구를 하고 있다. 그중 해법으로 주목받는 분야가 '대체육'이다. 대체육은 단백질 등 전통 육류를 대체할 수 있는 성분을 지닌 원료를 바탕으로 구현한 식품을 지칭하며, 식물성 고기, 배양육, 식용곤충이 대표적이다. 대체육 시장은 환경오염, 동물복지, 식품안정성 등에 대한 관심과 함께 코로나19 사태와 맞물리면서 급성장하고 있다. 미국 시장조사업체인 CFRA에 따르면 2018년 약 22조 원 규모였던 세계 대체육 시장 규모는 2030년 116조 원 대로 성장할 것으로 예상된다.

먼저, 식물성 고기는 식물이나 해조류, 미생물 등에서 추출한 식물성 단백질 성분을 이용해 만든 고기이다. 식물성 고기 재료인 단백질은 대표적으로 밀, 대두, 완두로부터 추출하고 있으며, 새로운 원료를 찾기 위한 연구가 진행되고 있다. 식물성 고기의 개발 초기에는 식감이 기존 육류에 미치지 못했지만, 최근에는 맛과 향이 고기와 거의 차이가 없는 식물성 햄버거까지 등장했다. 육류 맛으로 대표되는 '피 맛Blood-taste'을 구현하기 위해 주요 요소인 헴(Heme, 헤모글로빈의 주요 성분) 성분을 대체할 식물성 소재를 찾기 위한 연구가 계속해서 진행되고 있다.

배양육은 소나 돼지, 닭 등 동물의 근육 줄기세포를 이용해 생산한 고기이다. 배양육은 축산농가나 동물 없이 실험실에서 만들어지는 육류로 무한 증식이 가능하므로 환경적인 측면이나 윤리적인 측면에서 장점이 있지만, 생산비용이 높고 대량생산이 어렵다는 단점이 있다. 배양육 생산을 위한 주요 성분 중 하나인 소태아혈청FBS, Fetal Bovine Serum은 보편적으로 사용되는 필수 성분인데, 높은 가격으로 인해 이를 대체하기

**한국의 1인당 육류 소비량**

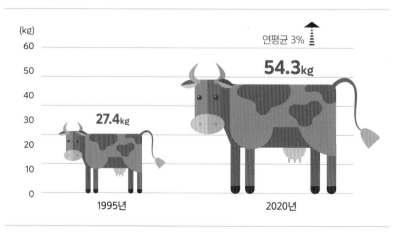

자료: 전국한우협회 부설 한우정책연구소

위한 연구가 진행되고 있다. 현재 기술은 손가락 한 마디 정도 크기의 배양육을 생산할 수 있는 정도이지만, 머지않아 스테이크를 구울 수 있는 정도의 두께까지 생산이 가능할 것으로 보인다. 또한 배양육으로 우유와 가죽까지 생산할 수 있어 유제품 생산의 효율성도 커질 것으로 예측된다.

## 소고기보다 뛰어난 영양, 식용 곤충

유엔식량농업기구FAO는 2013년 미래의 식량으로 곤충을 지목한 바 있다. 이에 벨기에가 식용 가능한 곤충을 법적으로 허용하기 시작하였으며, 유럽연합EU이나 미국 등지에서 다양한 식용 곤충 관련 스타트업들이 생겨나기 시작했다. 최근 식용 곤충은 소고기나 돼지고기보다 영양학적으로 뛰어나고, 생산할 때 환경파괴 요소가 적어 미래식량으로 각광받고 있

다. 하지만 외형에서 오는 거부감이 있어 이 부분은 해결되어야 할 과제이다. 아직은 낯선 식용 곤충을 먹기 좋게 요리하기 위해 노력하는 사람이 있는데, 바로 '식용 곤충 요리사'이다. 식용 곤충 요리사는 일반인들이 식용 곤충을 거부감 없이 먹을 수 있도록 요리법을 연구하고 개발한다. 또한 일반인 등을 대상으로 식용 곤충 식품에 대한 교육을 하거나 건강 및 치료 목적의 기능성 식품을 개발하기도 한다.

미래에는 배양육이나 식용 곤충 등을 3D 식품 프린터에 넣어 음식을 만들어낼 것이다. 3D 식품 프린터는 내가 원하는 음식을 직접 출력해서 만들어 먹을 수 있도록 해준다. 프린터가 만든 음식은 지금까지 경험해보지 못한 식감과 형태를 제공할 것으로 기대된다.

글로벌 시장조사기관 리서치앤마켓Research and Markets에 따르면 세계 3D 식품 프린팅 시장 규모는 2025년까지 4억 8,400만 달러(약

5,800억 원)까지 성장할 것으로 전망된다. 3D 프린팅 기술을 활용하면 개인의 취향에 맞는 음식과 영양가가 반영된 맞춤형 식품을 만들어낼 수 있을 것이다. 앞으로는 음식을 사 먹거나 요리하지 않고 '출력'해 먹는 시대가 올지도 모른다.

## ☆ 자연에 영향받지 않는 곡물 재배가 가능할까?

### ICT와 농장의 만남, 스마트팜

식량 위기를 극복할 수 있는 또 다른 대안으로 '스마트팜Smart Farm'이 제시되고 있다. 전 세계 스마트팜 시장은 2020년 137억 달러(약 16조 원)에서 2025년 220억 달러(약 26조 원) 규모로 확대될 것으로 예상된다. '스마트팜'이란 공장이나 온실처럼 밀폐된 공간에서 여러 층의 재배대에 농작물을 심은 뒤 사물인터넷, 빅데이터 등의 정보통신기술ICT을 활용해 농업생산시설의 생육환경을 원격 또는 자동으로 제어할 수 있는 농장을 말한다. ICT 기술을 이용하면 농작물의 생육환경과 생육량 정보를 측정하고, 분석 결과에 따라 온도, 습도, 햇볕량, 이산화탄소, 물 등을 적절한 상태로 조정할 수 있으므로 생산성과 품질이 향상된다. 전통적인 농업의 경우 농촌에서만 경작이 가능했다면, 스마트팜은 도시나 작은 면적의 공간에서도 농작물 재배가 가능하며, 더는 태풍이나 가뭄 등 자연재해로 고민하지 않아도 된다.

　해외 사례를 살펴보면, 네덜란드는 농업 ICT 기술을 통해 농업 생산량과 상품의 품질 향상은 물론, 좁은 국토면적을 극복하고 세계 2위의 농산품 수출국이 되었다. 미국은 IoT(Internet of Things, 사물인터넷)뿐만 아니라 나노 기술, 로봇 기술을 농업에 접목하려는 시도를 하고 있다. 특히 구글은 빅데이터를 수집해 인공지능이 농작물의 생육 조절에 관해 스스로 결정을 하게끔 유도하는 시스템을 개발 중이다.

스마트팜과 관련 있는 유망직업으로는 '스마트팜 구축가'가 있다. '스마트팜 구축가'의 경우 생산량을 높이기 위해 농사기술에 정보통신기술ICT를 접목한 스마트팜을 구축한다. 이들은 ICT를 비닐하우스·축사·과수원 등에 접목, 원격제어를 통해 작물과 가축의 생육환경을 자동으로 적절히 제어할 수 있는 농장(스마트팜)을 설치하고, 필요한 장비나 소프트웨어를 개발한다. 또 스마트팜 설치를 희망하는 농업인들을 대상으로 농가가 보유하고 있는 시설, 장비, 품목에 적합한 스마트팜 시설 설계

국내 최초 푸드 업사이클링 기업 리하베스트에서 판매하는 리너지바.
맥주를 제조하고 남은 보리 부산물로 만들었다. 리하베스트 제공.

를 지원하고, 시설 설치 후 사후관리가 가능하도록 컨설팅 및 관련 교육을 추진한다.


## 음식물 쓰레기로 새로운 음식을? 푸드 업사이클링

FAO에 따르면 1년에 식량의 생산과 유통, 소비과정에서 버려지는 음식물 쓰레기양이 전 세계 음식 생산량의 3분의 1인 13억 톤에 이른다고 한다. 음식물을 폐기하는 과정에서 발생하는 메탄가스는 지구온난화의 주요 원인이 되기도 한다. 유엔은 2030년까지 식량 폐기 반감을 목표로 노력하고 있으며, 미국에서는 업사이클 식품이라는 용어를 법적으로 표준화해 식량 손실과 음식폐기물을 줄이기 위한 정책을 펼치고 있다.

'푸드 업사이클링Food Upcycling'은 버려지는 음식물 쓰레기에 가치와 아이디어를 더해 새로운 상품으로 업그레이드하는 것을 말한다. 여기에서 말하는 음식물 쓰레기는 사람들이 남긴 음식이 아니라, 식품 제조과정에서 자연스럽게 나오는 부산물이나 상품 가치가 떨어진 식품을 뜻한다. 현재 다양한 업사이클 식품들이 만들어지고 있는데, 흠집이 생겨 상품 가치가 없어진 사과를 활용해서 만든 사과주스, 맥주 제조과정에서 나온 부산물로 만든 쿠키 반죽, 새우의 머리나 껍질 등을 가공하여 만든 소스 등이 있다. 이는 음식 폐기물에 활용성을 더한 고부가가치 제품으로 평가받는다.

시장조사업체 퓨처마켓인사이트Future Market Insights에 따르면 푸드업사이클링 시장은 467억 달러(약 55조 원) 규모이며 향후 10년 동안 5%의 연평균 성장률을 지속할 것으로 보인다. 상대적으로 국내에서는 아직 푸드 업사이클링 스타트업이 많이 없지만, 환경과 지속가능성 측면에서 점점 확대될 것으로 보인다.

　　식량과 관련된 미래 유망직업으로는 스마트팜에서 농사를 짓는 '스마트 파머', 농산물을 더 효과적으로 팔 수 있게 도와주는 '6차산업 컨설턴트' 등이 있다. 스마트 파머는 IoT 기술을 이용해 농작물에 최적화된 환경을 조성하며, 6차산업 컨설턴트는 어떻게 상품을 브랜드화시킬 것인지, 인터넷·스마트폰을 활용하여 어떻게 농산물을 판매하고 알릴 것인지에 대해 고민한다. 반려동물의 사료를 연구하고 개발하는 동물사료 개발자도 미래에 요구되는 직업 중 하나이다. 최근에는 단백질·비타민·칼슘 등이 풍부한 곤충 사료 개발에도 힘쓰고 있다.

## 이미 시작된 식량 대란

우리는 풍족한 음식에 둘러싸여 있어 식량 대란과는 먼 세상에 살고 있는 듯하다. 하지만 이미 세계는 기후변화와 무차별 포획 등 다양한 영향으로 식량 위협을 받고 있다. 2006년부터 2007년 사이에 발생한 전 지구적인 가뭄과 기상이변으로 인해 세계 식량 가격이 폭등한 적이 있다. 과거 다른 곳에서 볼 수 없는 동식물로 가득해 '풍요의 땅'으로 불렸던 아프리카 섬나라 마다가스카르는 현재 40만 명이 굶주림에 시달리는 '기아의 땅'이 되었다. 기후변화로 인한 최악의 가뭄이 그 이유이다. 지금까지 기근은 전쟁이나 자연재해에서 비롯되었지만, 앞으로는 다르다. 미국의 시사주간지 〈타임〉지가 "현대 역사상 처음으로 기후변화에 의해 발생한 기근"이라고 언급한 것처럼 기후변화로 인해 미래가 어떻게 바뀔지는 알 수 없다.

머지않아 인류는 화학적으로 만들어진 식량을 먹고 있을지도 모른다. 이를 위해 척박한 땅에서도 자랄 수 있는 식량이 필요하고, 바다를 살릴 과학자도 필요하다. 식량 대용품을 만들어내는 사람도 필요하고, 그것을 홍보하고 유통할 회사도 필요할 것이다. 미래를 예측할 수 있다면 무엇을 준비해야 할지도 알 수 있다.

# 미래직업 하이라이트

☐ **스마트팜 구축가**

스마트팜이란 정보통신기술(ICT)을 비닐하우스·축사·과수원 등에 접목하여
원격제어를 통해 자동으로 작물과 가축의 생육환경을 적절히 제어할 수 있는
농장을 말한다. 스마트 팜구축가는 스마트팜과 관련한 연구개발, 농업인
교육, 컨설팅을 담당한다. 스마트팜을 설치하고, 필요한 장비 및 소프트웨어를
개발하는 일도 한다.

☐ **스마트 파머**

농사기술에 정보통신기술(ICT)을 결합한 스마트팜 농장에서 농사를 짓는다.
스마트폰과 같은 모바일 기기를 통해 농장을 원격 관리하고 온도, 습도, 햇볕량
등을 측정하여 적절한 상태로 제어한다.

☐ **식품공학 기술자**

소비자가 영양이 풍부한 식품을 안전하게 섭취할 수 있도록 새로운 제품을
연구하고 개발한다. 식품의 영양, 맛, 색깔, 상품가치 등을 고려해 적합한 재료를
선택하며 조리방법 등을 연구한다.

☐ **곤충 컨설턴트**

곤충 사육, 곤충 관련 컨설팅, 곤충생태원 운영, 직업체험 등 곤충과 관련된
전반적인 부분을 관리한다. 식용, 약용, 화분 매개, 사료용, 체험학습용으로
이용될 수 있는 곤충을 사육하고, 곤충 사육에 필요한 환경을 연구하고
관리한다.

### ☐ 식용 곤충 요리사

일반인들이 식용 곤충을 거부감 없이 먹을 수 있도록 요리법을 연구하고
개발한다. 일반인 등을 대상으로 식용 곤충 식품에 대한 교육을 하거나 건강 및
치료 목적의 기능성 식품을 개발하기도 한다.

### ☐ 도시농업 전문가

해외의 도시농업 사례를 연구하여 우리나라에 적합한 도시농업 방안을
구상한다. 텃밭 농사, 주말농장, 상자 텃밭, 옥상 텃밭 등 도시농업 기술을
연구하고 개발하며, 농장에서 식물을 재배하고 각종 농법을 시험하는 등
도시농업 기술을 연구·개발해 도시농업인에게 교육한다.

### ☐ 농학 연구원

농작물을 개량하기 위해 실험실 및 농장에서 육종연구, 채소, 화훼, 감자류의
품종개량, 재배법 개선 및 작물환경에 관한 연구, 원예작물의 종자생산에 관한
연구를 담당한다. 또한 특수토양에의 적응 및 질병과 병충해의 저항 등에 관한
연구, 농작물의 재배, 경작, 수확 등에 관해 최선의 방법을 발견하기 위한 연구를
수행한다.

*미래직업 하이라이트 내용은 한국고용정보원
워크넷(www.work.go.kr)의 직업정보를 참조해 작성하였다.

## 과학강의실

### 우리나라의 식량안보는 굳건한가?

한 나라와 국민을 지키기 위해서는 국방만 중요한 것이 아니다. 남미나 아프리카 등에서
먹을 것이 없어 폭동이 일어나는 것을 보면 전쟁이나 재해뿐만 아니라 식량안보가
무엇보다 중요하다는 것을 알 수 있다. 〈곡물 수급 안정 사업·정책 분석〉 보고서에
따르면 우리나라의 곡물자급률은 1990년 43.1%에서 2019년 21.0%로 크게 감소했다.
이러한 수치도 우리나라의 쌀 자급률(2017년 기준 103.4%)이 높아서 나타나는 착시
현상으로 쌀을 제외하면 곡물자급률은 3.4%에 지나지 않는다. 이는 OECD 국가 중
최하위 수준이다. 만약 전 세계적으로 식량값이 폭등하거나 장기간 곡물을 수입할 수
없는 상황이 온다면 어떤 문제가 발생할지 생각해보자. 지금 당장은 먹을 것이 넘쳐나니
아무 문제가 없는 것일까?

### 고기 없는 고기, 대체육은 과연 건강할까?

식물성 단백질로 고기와 비슷한 대체육을 만든다고 해서 영양까지 같을 수는 없다.
미국 듀크대 연구진이 식물성 대체육의 영양 성분을 조사한 결과를 보면, 대체육과 실제
고기는 대사물질 90%가 달랐다. 다시 말해 식물성 대체육은 식물, 고기는 고기라는
이야기이다. 물론 고기를 전혀 먹지 않는 채식주의자들도 건강한 몸을 유지할 수 있고,
식물성 대체육에는 콜레스테롤이 없어 고기는 좋아하지만 콜레스테롤 지수가 높아
고기를 멀리해야 하는 사람들에게 대안이 될 수 있다. 그러나 식물성 대체육이 고기의
영양 성분을 대체할 수 없는 것이다.
그렇다면 전 세계 채식주의자들은 배양육을 먹게 될까? 이는 아마도 신념에 따라 달라질
것이다. 건강 때문에 고기를 먹지 않는 소극적인 채식주의자라면 세포배양육을 먹을
가능성이 크다. 성향과 상황에 따라 채식을 선택하는 중간 그룹도 세포배양육을 먹을
수 있다. 하지만 동물에서 유래된 것은 먹지도 바르지도 입지도 않는 비건(Vegan)이라면
그조차 선택하지 않을 확률이 높다. 국제채식인연맹(IVU)은 전 세계 채식주의자를 약

1억 8,000여 명으로 추산하고 있다. 식물 대체육은 실제 고기와 비슷한 맛과 영양, 색깔을 내기 위해 다양한 방법을 사용한다. 그 과정에서 여러 첨가물이 들어가 일반 고기와 같은 양을 먹었을 때 부작용은 없을지에 대한 의문도 제기되고 있다. 특히 식물 대체육은 포화지방과 나트륨 함유량이 일반고기보다 많다. 포화지방은 트랜스지방보다 나쁘지 않지만, 많이 먹으면 인체에 좋지 않은 영향을 준다. 결국 중요한 것은 균형 잡힌 식단으로 편식 없이 골고루 먹는 것이다.

## 유전자조작식품(GMO)은 안전할까?

유전자를 조작해 만든 황금쌀은 비타민A가 부족한 지역에서 소비할 수 있도록 만들어졌다. 황금쌀은 보통 쌀보다 23배나 많은 비타민A의 전조 물질인 베타카로틴을 생산한다. 비타민A 부족으로 매년 목숨을 잃는 5세 이하 아이들이 매년 60만 명이 넘는다는 걸 생각하면 황금쌀이 왜 만들어졌는지 알 수 있다. 그렇다면 과연 유전자조작식품(GMO)은 안전할까?

의도적으로 유전자조작을 한 식품은 적은 노동력과 비용으로 많은 양의 농산물을 생산할 수 있다. 대표적인 GMO 농산물로는 옥수수, 콩, 목화, 카놀라가 있다. GMO를 '프랑켄 식품'이라고 부르는 것처럼 사람들은 GMO에 대한 거부감이 있다. 이유는 잘 몰라도 GMO는 해로울 거라는 불안이다. 하지만 그 반대도 있다. '타피오카'라고 알려진 카사바와 야생 아몬드는 자연 상태에서는 독성이 많아 여러 번의 개량 끝에 만들어진 식품이다. 덕분에 독성은 완전히 제거됐다.

과학자들은 GMO가 위험한 화학약품을 이용한 것이 아니며, 유전자조작식품이 소비되고 20년이 지난 오늘날까지 명확한 부작용이 드러나지 않아 안정성을 확보했다고 주장한다. 미국과학진흥회도 GMO가 전통적인 식물 개량 방식으로 만들어진 농작물과 다르지 않다고 결론내렸다. GMO에 대해 공포를 느끼는 것은 단지 도덕적으로 잘못되었다는 느낌 때문이라는 것이다. 많은 논란에도 불구하고 현재 우리는 많은 GMO 식품을 먹고 있다. GMO는 과연 안전할까, 그 반대일까?

## 13

아이들 없는 세상이 올 것인가?

# 인구감소

100년 뒤 지구의 인구는 100억 명이 넘어설 것으로 예상된다.
하지만 한국은 세계지도에서 사라질 수도 있다. 인구절벽, 국가소멸을
이야기할 때 가장 대표적으로 거론되는 나라, 대한민국.
인구감소로 우리나라에는 앞으로 어떤 일이 벌어질까?

글 / 이 랑

## ☆ 인구절벽, 위기의 한국

**빠르게 줄어드는 인구수**

일제 강점기에 작성된 통계 연보에 따르면, 1917년 당시 우리나라 총인구
는 약 1,697만 명이었다. 정확히 100년이 지난 2017년, 대한민국 인구는
3배가량 증가해 5,136만 명으로 조사됐다. 그렇다면 앞으로 100년 후인
2117년의 인구수는 어떻게 달라질까? 이를 예측한 국내 인구보고서 결
과는 다소 충격적이다. 2021년 감사원이 발표한 〈인구구조변화 대응 실
태 보고서〉에 따르면, 2117년 우리나라 인구는 1,510만 명으로 쪼그라

들 전망이다. 5천만 명이 넘던 인구가 조선시대(건국 초 550만 명, 멸망 시 1,750만 명)보다 더 적은 수로 소멸해 현재의 3분의 1도 채 남지 않는다는 것이다.

지방 소멸과 관련해서도 100년 후에는 서울과 경기를 제외하면 인구가 100만 명이 넘는 시도가 하나도 없고, 생존 신고가 있는 도시도 서울, 부산, 대전 일부를 빼면 소멸 고위험군인 것으로 나타났다. 지방은 더욱 심각해서 경북 군위의 경우 2047년 65세 이상 인구가 100명일 때 20~39세 여성은 4명에 불과할 것으로 보고됐다. 말 그대로 '인구절벽' 위기가 다가오는 것이다.

## 저출산 고령화로 인한 인구절벽

전문가들은 저출산과 고령화의 심각성이 위험수위를 넘어섰다고 경고한다. 저출산으로 인구가 감소하고 인구의 절반 이상이 65세 이상으로 채워지는 초고령사회가 되면, 일할 사람이 줄고 생산성은 저하될 수밖에 없다.

실제 2020년에는 국내 사망자가 출생자 수를 앞지르면서 사상 처음으로 인구가 감소하는 데드크로스Dead-cross에 진입했다. 여성 1명이 평생 낳을 것으로 예상하는 평균 출생아 수인 '합계 출산율'도 0.84로 나타나 2018년(0.98), 2019(0.92)에 이어 3년 연속 1명 미만을 기록했다. 이는 가임기 여성이 평생 아이를 한 명도 낳지 않는다는 뜻이며, 경제협력개발기구OECD 37개 회원국 중에서 우리나라만 유일하게 1명 미만이었다. 게다가 2020년부터 시작된 코로나19 영향으로 저출산 기조가 가속화되면서 인구절벽은 더욱 가팔라지고 있다.

**전 세계 인구분포도**

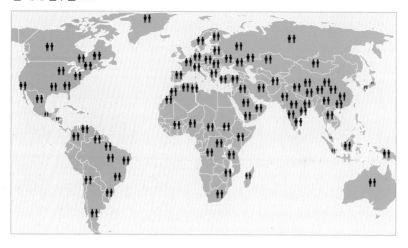

## 전 세계 인구는 느는데 한국만 인구절벽이라고?

저출산 고령화로 인구절벽이 예견되지만, 이것이 전 세계 인구의 감소를 의미하는 것은 아니다. 인류는 탄생과 사망의 사이클 속에서 그 수를 계속 늘리고 있다. 세계 인구는 1800년 10억 명, 1959년 30억 명을 돌파했으며, 1987년 50억 명, 2011년에는 70억 명으로 증가했다. 그리고 2020년 기준, 세계 인구는 약 78억 명을 넘어섰다. 인구증가는 앞으로도 계속 이어져 유엔 보고서에 따르면 2023년에는 80억 명, 2100년에는 110억 명에 이를 것으로 추정된다.

전 세계 인구가 증가하는데 인구절벽이 발생한다? 아이러니 하지만, 핵심은 인구증가율에 있다. 인구가 지금처럼 급증한 건 인류 역사에서 비교적 최근의 일이다. 전 세계 인구는 기원전 1만 년 전에서 1700년까지 약 0.04% 정도로 매우 느리게 증가했다. 이후 1700년에서 1800년까지 폭발적으로 증가해 1927년 20억 명에 도달했다. 이때의 연평균 인구

증가율은 1920년부터 1950년까지 약 1%, 1960년대 후반부터 1998년까지 2.04%였고, 현재는 정점을 지나 2020년 기준 약 1.05%를 보이고 있다. 하지만 이 역시 지역별로 살펴보면 차이가 있다. 특히 사하라 사막 이남 아프리카의 인구증가율은 약 2.7%로 1900년대 중후반보다 훨씬 높은 증가세로 인구가 늘고 있다.

국가의 인구증가율은 출생, 사망, 이민에 영향을 받는다. 현재의 인구증가는 전 세계적으로 출생률과 동시에 사망률이 함께 감소해서 나타나는 현상이다. 공중위생의 향상과 의료기술의 발전 등으로 기대수명이 늘면서 사망률은 크게 감소하는데, 출산율은 일부 국가를 제외하고 획기적으로 늘지 않는 것이 현실이다. 바로 여기서 나오는 것이 국가별 인구감소, 인구절벽 위기이고, 이를 극복하기 위해 많은 국가가 저출산 문제를 해결하거나 이민정책을 완화하는 등의 노력을 하고 있다.

## ☆ 인구절벽은 어떤 모습일까?

### 활력을 잃어가는 사회

아이들 없는 놀이터와 교실, 직원 없는 사무실, 무인 점포와 텅 빈 거리, 코로나19로 사회적 이동이 제한되면서 우리는 사람 없는 일상을 경험한 적이 있다. 그리고 10년 또는 20년 후, 코로나19 위기 때처럼 우리는 인구감소로 활력 잃은 사회를 경험할 가능성이 커졌다.

실제 인구감소는 우리 사회에 어떤 형태로 다가올까? 인구학자들은 인구감소가 필연적으로 산업과 고용의 위기, 그리고 생활 수준 변화를 동반한다고 말한다. 저출산과 고령화로 생산가능인구가 줄어들면서 국가가 부양해야 하는 인구 비율은 늘어나고 세금을 거둘 기반은 줄어들게 된다. 즉, 고령인구는 상대적으로 느는데, 출산율이 낮아지니 세금 부담은 커질 수밖에 없다. 또 젊은 세대에 가중되는 부담은 다시 출산과 육아, 그리고 자녀교육 등에 부담으로 작용해 저출산의 악순환을 만들게 된다. 결국 저출산은 다시 저출산으로 이어져 우리는 아이들 없는 삭막한 세상에 놓일지 모른다.

## 사회 기반을 흔드는 인구지진

인구감소 현상은 몇몇 국가에 국한된 것이 아니다. 특히, 인구 고령화가 심한 일본에서는 오래전부터 인구문제를 심각하게 인식해왔다. 고령화로

일본 국민은 버는 돈의 3분의 1을 의료비·요양비·연금 등으로 쓰고 있고, 출산율은 1899년 이래 최저 수준으로 하락한 상태. 이 때문에 거의 모든 노동 연령층에서 세금과 사회보험료가 증가하고, 각종 복지혜택이 노인 세대에 쏠리면서 다른 세대의 경제적 여유까지 잠식하고 있다.

인구감소는 국가 존립에 영향을 미칠 정도로 심각한 사안이다. 이 때문에 우리나라 정부는 인구감소를 '인구지진'으로 표현하고, "특단의 대책을 마련하지 않으면 2030년에서 2040년 정도부터 인구절벽에 따른 '인구지진'이 발생할 것"이라고 내다봤다. '인구지진Age-quake'이란, 영국의 인구학자 폴 월리스가 만든 용어로 급격한 인구 고령화의 파괴력이 자연재해인 지진보다 훨씬 크다는 뜻이다. 월리스는 생산인구보다 고령인구가 많은 상태의 인구지진을 리히터 규모 9.0에 해당하는 대지진이라고 했는데, 2011년 동일본대지진이 리히터 규모 9.1이었던 점을 고려하면 엄청난 충격이 아닐 수 없다. 미래에 다가올 '인구지진'은 사회구조를 뿌리째 흔드는 충격으로 다가올 수 있다.


## ☆ 특단의 대책, 인구절벽을 막아라


### 인구증가를 위한 저출산 해결

인구절벽 문제를 해결하기 위한 시급한 대책은 무엇보다 저출산 극복에 있다. 저출산은 다양한 사회·경제·문화적 요인들과 관련이 있다. 적절한 소득이 보장되는 직업이 있고, 살기 좋은 주거환경을 갖출수록 결혼과 출산에 대한 소망이 커지는 식이다. 한편, 1인 가구가 증가하고 비혼주의를 선호하는 가치관의 변화, 근본적으로 출산 연령대 인구가 감소하는 것도 저출산의 원인이 되고 있다. 전문가들은 아이를 낳아 걱정 없이 기를 수 있는 환경이 제공되었을 때 저출산 문제를 해결할 수 있다고 말한다.

실제 유럽에서는 저출산을 인구절벽의 핵심 문제로 인식하면서 각종 대책을 추진하고 있다. 프랑스와 체코는 어느 정도 정책적 성공을 거둔 사례로 꼽는다. 프랑스 경우, 두 명 이상 자녀를 둔 부모에게 매월 최소 131.55유로(약 180만 원)의 '육아월급'을 제공하고 있다. 그 결과 프랑스는 EU에서 가장 높은 출산율을 회복했다. 체코의 경우도 2000년대 중반부터 현금과 세금 공제 형태로 부모에게 근로자 평균 소득에 준하는 '부모수당'을 지급하면서 저출산을 극복했다.

## 건강한 고령화를 위한 노력

고령화가 인구구조 문제의 한 축으로 평가되는 것과는 별개로, 노인 세대의 웰빙은 인구문제 해결에 중요한 역할을 한다. 노인 세대가 건강하게 생활하고 일할 수 있게 지원하는 정책은 젊은 세대의 노인 부양 부담을 줄이면서 사회통합을 이루는데 기여한다. 그런 의미에서 정년연장이나 노인 일자리 확대 등은 인구구조 변화에 대한 중요한 대비책으로 논의된다.

실제 일본은 '70세 정년퇴직' 시대를 열었다. 2021년 4월 1일부터 정년을 기존 65세에서 70세로 연장하는 '고연령자 고용안정법'이 시행되면서, 근로자는 65세가 되면 5년간 정년을 연장하거나 65세 정년 후 재고용되는 방법 등을 선택할 수 있다. 일본의 정년연장은 연금 개시를 늦추고 고령자 스스로 노후자금을 더 마련할 기회를 주는 등 사회보장제도의 부담을 줄이려는 목적이 담겨 있다.

우리나라도 만 60세에서 65세로 정년을 연장하는 사회적 논의가

본격적으로 진행되고 있다. 고령자 부양 부담을 줄이면서, 저출산 고령화에 따른 '세수절벽'에 대비해야 하기 때문이다. 하지만 정년연장은 청년세대의 일자리 문제와도 밀접한 관련이 있고, '청년 고용절벽'이 심각한 상황에서 세대 간 합의가 이뤄져야 가능하다.

## 🌟 인구감소와 직업 세계의 변화

### 인구가 줄면 일터는 어떻게 변할까?

한 인구학자가 인구가 감소하면 대학 입학경쟁률도 떨어질 것이란 전망을 한 적이 있다. 하지만 몇 년 후 그는 자신의 주장이 틀렸다는 걸 인정했다.

학령인구는 줄었지만, 수도권 '인서울' 대학에 진학하려는 학생들이 몰리면서 입학 경쟁이 더 치열해졌기 때문이다. 이런 현상은 취업시장에서도 마찬가지다. 취업준비생의 인구수가 줄어도 높은 보수의 매력적인 일자리에 대한 선호도는 더 강력해진다.

하지만 전반적으로는 인구감소로 소비와 생산이 줄면 경제성장이 위축돼 일자리도 감소하게 된다. 또 미래에는 로봇 도입 등 기계화와 자동화가 사람의 일자리를 빠르게 대체해나갈 것이다. 그렇다고 모든 분야에서 일자리가 줄어드는 것은 아니다. 코로나 상황에서 경기가 악화됐어도 의료와 위생관리 분야의 일자리가 크게 늘고 디지털 시장이 확대된 것처럼 일자리 증감은 분야별로 차이가 발생한다. 가장 일반적으로는 실버산업과 헬스케어 산업이 성장하고, 저출산의 부정적 요인과 관련된 산업은 쇠퇴할 가능성이 크다.

인구절벽으로 생산가능인구가 줄면 일할 사람도 부족해진다. 그

래서 젊은 층 인구 비율이 현저히 줄어든 나라들은 국경을 열고 젊은 외국인 근로자를 받아들이는 이민정책을 적극적으로 시행한다. 이럴 경우 미래 일터는 문화적으로나 인종적으로 훨씬 다양한 국적의 사람들이 함께 일하게 된다.

특히, 많은 나라가 인구절벽 탈출을 위해 저출산 문제를 해결하려 하지만 성공하기 어렵다는 걸 경험해왔다. 우리나라만 해도 막대한 예산을 저출산 정책에 쏟아부었지만, 예산 대비 성과가 좋지 못한 편이었다. 이 때문에 미국이나 유럽의 선진국에서는 생산가능인구를 늘리고 사회에 활력을 불어넣기 위해 이민자나 외국인 노동자를 적극 수용하는데, 이런 추세는 앞으로 더 확대될 것이다.

우리나라도 2020년 기준 국내 체류 외국인이 250만 명, 전체인구의 약 5%에 육박하면서 사실상 다문화 사회로 진입했다. 여기에 통계에 잡히지 않는 불법 체류 외국인까지 더하면 그 수는 더 증가한다. 이처럼 국내 외국인의 증가는 다양한 국적의 사람들이 함께 살아가는 환경을 조성하고, 일터뿐 아니라 일상생활에서 서로 다른 문화를 경험하며 적응해야 하는 과제를 만들어낼 수도 있다.

한편, 인구감소는 업무환경을 개선시킬 수도 있는데, 저출산 극복의 대책으로 육아휴직과 육아시간을 확대하고, 육아기간 재택근무, 주4일 근무 등이 빠르게 정착될 수도 있다.

## 돌봄 서비스의 성장

"아버님 댁에 보일러 놔드려야겠어요" 하던 때가 있었다. 1990년 초, 핵가족화로 함께 살지 않는 부모님에게 따뜻한 보일러를 선물하고 싶은 마음을 담았던 이 광고는 엄청난 인기를 끌었다. 이제 조만간 "아버님 댁에 '소셜 로봇' 놔드려야겠어요" 하는 때가 머지않았다. '소셜 로봇'은 사람 곁에서 소통하고 공감하는 로봇으로 사람들의 말벗이 되고, 생활엔 도우미, 건강엔 돌보미 역할을 하는 상호작용 로봇을 말한다. 고령화로 혼자 사는 어르신들이 늘면서 전문가들은 소셜 로봇의 보급이 앞당겨질 것으로 전망하고 있다. 그런 의미에서 미래에는 소셜 로봇을 통한 어르신 돌봄 서비스와 원격의료 시스템의 도입과 정착이 예상된다.

또 스위스의 스마트 헬스케어 프로그램 AALThe Active and Assisted Living과 같이 건강한 노인부터 다중질환을 앓는 노인까지 고령 인구가 독립적으로 생활할 수 있도록 의료, 건강, 안전, 보안 등을 스마트 기기로 제공하는 서비스 형태가 활발해질 전망이다.

소셜 로봇의 등장은 그만큼 돌봄 서비스가 확대된다는 것을 의미한다. 특히, 고령자는 삶의 마지막까지 보살핌이 필요하다는 점에서 의료보건이나 사회복지 영역의 일자리는 지금보다 더 중요한 역할을 할 것이다. 건강한 고령화를 위한 헬스케어 기술투자가 확대되고, 간호와 간병 인력을 찾는 일자리는 꾸준히 성장할 전망이다. 그리고 다른 의미의 돌봄으로서, 자녀 돌봄 서비스는 저출산 대책이 효과를 발휘하면 시장의 고급화와 관련 일자리 증가로 이어질 수 있다.

# 미래직업 하이라이트

☐ 노인 전문 간호사

노인 전문 병원, 의료 복지 기관, 요양원 등에서 노인의 건강관리와 병세 호전을
위해 간호계획을 수립하고 각종 프로그램을 진행하며 노인을 간호한다. 노인의
응급처치 및 건강관리, 질병 예방 등을 담당한다.

☐ 치매 전문 코디네이터

고령화 사회로 진입하면서 치매 환자도 증가하고 있다. 치매 전문 코디네이터는
치매 환자 및 가족에게 전문적인 환자 진료 · 요양 · 교육 등을 제공하는 일을
한다.

☐ 고령자 맞춤 식단 개발자

고령자의 건강 상태를 반영한 식단이나 반조리 식품을 전문적으로 개발해
상품화한다.

☐ 스마트 돌봄 구축 전문가

인공지능, IoT 기술 등을 활용하여 고령인구의 건강을 지원하는 스마트 돌봄
시스템을 구축하고 유지 · 관리한다. 현재는 고급 실버타운을 중심으로
선도적으로 구축하고 있는데, 독거노인이나 취약계층, 1인 가구를 중심으로
수요가 증가할 전망이다.

☐ 도우미 로봇 전문가

청소, 요리, 세탁, 다림질 등의 가사 노동을 대신하거나 간병 기능을 수행하는
도우미 역할 서비스용 로봇을 개발한다.

## 미래직업 하이라이트

☐ 원격진료 코디네이터

양방향으로 통신할 수 있는 ICT 기술을 활용해 거리와 관계없이 환자를
상담한다. 주요 증상, 각종 의료 정보 등을 파악한 후 적합한 의사를 선정하고,
정보를 의사에게 전달해 의사와 환자가 효과적으로 원격진료를 할 수 있도록
돕는다.

☐ 스마트 헬스케어 전문가

스마트 헬스케어는 IT와 의료가 결합된 서비스로, 건강 관련 데이터, 플랫폼,
디바이스 등과 관련된 첨단기술 분야이다. 스마트 헬스케어 전문가는 헬스케어
앱을 개발하거나 빅데이터 분석을 통해 헬스케어 서비스를 기획하고 개발한다.

☐ 빈집 코디네이터

농촌을 비롯해 도심에 생겨나는 빈집을 재생하고 활용하는 방안을 찾고 필요한
사람과 연결한다. 건축 및 도시계획 관련 전문가, 마을공동체 담당자 등이 함께
참여할 수 있다.

☐ 자원봉사 관리자

자원봉사를 원하는 사람들을 모집하고 교육하며, 자원봉사자 면접·선발·배치,
그리고 자원봉사 활동에 대한 홍보와 지원에 관한 사항들을 관리한다.

☐ 고령 운전자 전문 강사

고령자가 되면 운전 능력이 다소 떨어져 위험한 상황이 발생할 수 있다. 고령
운전자 전문 강사는 차량 정지상황 대응능력 등 고령자의 운전 능력을 평가하고
위험한 운전 습관을 전문적으로 교정하거나 교육한다.

☐ 웰다잉 전문가

웰빙(Well-being)하는 것만큼이나 웰다잉(Well-dying)하는 것도 중요하다는
인식이 커지고 있다. 웰다잉 전문가는 인생을 행복하게 마무리하고 웰다잉을
준비할 수 있도록 관련 교육과 상담 업무를 수행한다.

☐ 문화 교류 코디네이터

서로 다른 문화의 차이에서 발생하는 문화적 충돌을 줄이고 문화 융합을 통한
사회적 조화를 이룰 수 있도록 집단 혹은 개인 간의 문화적 소통을 연결하고
중개한다.

☐ 다문화 언어 지도사

다문화가족 자녀의 의사소통 문제를 평가해 적절한 언어발달 지원 및 교육을
제공한다.

*미래직업 하이라이트 내용은 한국고용정보원 워크넷(www.work.go.kr)의 직업정보를 참조해 작성하였다.

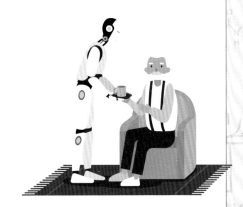

## 인구감소는 꼭 나쁜 것일까?

BBC 뉴스의 레이첼 슈레어 건강 리포터는 아주 흥미로운 기사를 작성했다. 21세기 말까지 대부분의 국가에서 인구감소를 경험하겠지만, 그것이 마냥 부정적인 건 아니라는 것이다. 내용을 보면 ① 저소득 국가에서는 출산율이 하락하면 생활 수준이 올라가기도 한다는 것이다. 따라서 나라마다 저출산 상황이 다를 수 있고, 아이를 낳든 낳지 않든 다름을 존중하자는 의견이다.

② 많은 사람이 고령인구가 증가하면 그에 따른 보건비용이 늘 거라고 우려하지만, '건강한 기대수명'이 늘어나면 반드시 그런 건 아니라는 주장도 있다.

③ 인구가 감소하면 젊은 인구를 유입하기 위해 '국경 빗장'을 푸는 나라들이 많아질 수도 있다.

④ 출산 정책의 경우, 저소득 국가에선 여성들이 낳초 원했던 것보다 더 많은 아이를 낳게 하지만, 생활 비용이 많이 드는 나라들에선 양육비 걱정으로 아이를 적게 낳을 수 있다.

⑤ 간호·간병 인력이 '의사만큼' 중요해질 것이다. 앞으로 소아청소년과나 산부인과 의사보단 고령자를 위한 간호 및 간병 인력에 대한 수요가 더 커질 전망이다.

⑥ 인구감소가 환경엔 '좋은 일'이란 의견도 있다. 쓰레기 양이나 탄소배출 등이 줄어들기 때문이다. 하지만 인구가 수적으로는 줄었어도 소비량이 오히려 늘어나면 환경적 이득은 보장하기 어렵다.

인구감소, 미래를 위해 나쁜 결과만 가져오는 게 아니라면, 좋은 영향은 무엇일지 생각해보자.

# 로봇은 인구절벽의 구원자일까?

기대수명은 늘고 출산율은 계속해서 하락하면서 인구감소에 대한 위기의식이 커지고 있다. 무엇보다 인구감소는 생산가능인구의 감소를 동반해 경제성장을 위축시키고 고용악화, 저출산, 다시 인구감소의 악순환으로 이어진다. 그 중에서 일할 사람이 줄어드는 생산가능인구의 감소는 갈수록 '로봇'으로 대체될 전망이다. 이미 공장 같은 제조업 현장에서는 로봇이 수많은 육체노동자의 역할을 대신하고 있다. 이런 현상은 사람의 일자리를 뺏는 것이 되기도 하지만, 로봇이 위험하고 육체적으로 힘든 일을 대신해주고, 인간에겐 더 고차원의 일거리를 주는 기회이기도 하다.

인구절벽은 앞으로 서비스로봇 시장을 성장시키는 동력이 될 전망이다. 독거노인을 위한 미국의 로봇 '커티'는 문을 대신 잠그거나, 조명을 조절하는 배려심을 발휘한다. 또 이용자가 아파서 쓰러지면 비상 연락처에 전화를 걸어준다. 소니의 강아지 로봇 '아이보'도 코에 붙은 카메라로 홀로 사는 어르신의 사진을 찍어 건강 상태를 확인해주고 가족들에게 사진을 전송해주기도 한다. 미국에는 간병에서 가장 힘들다는 대소변을 처리해주는 배변 처리 로봇 '큐라코'가 활동하고 있다. 큐라코는 의료진의 잡일을 도와 작업 부담을 줄여준다.

사람과 교감하고 상호작용하는 자율로봇인 소셜 로봇은 고령화와 1인 가구 증가에 따른 문제를 해결해주는 고마운 존재로 인식되고 있다. 사람들이 점차 줄어드는 인구절벽 위기에, 로봇이 사람들에게 따뜻한 온기를 주는 존재가 될 수 있을까?

# 미래직업, 필요역량도 바뀌고 있다

4차산업혁명으로 대변되는 기술의 발전, 거기에 예상치 못한 코로나19의 장기화까지 더해져 우리는 더 앞당겨진 미래에 살고 있다. 어느 사회든 발전을 거듭하면서 앞으로 나아갔고 사람들은 그 변화의 흐름을 감지하면서 진로와 직업, 이전직의 순간을 선택해왔다.

하지만 이제 모든 것이 예측 불가능하고 불확실해지고 있다. 미래사회에서의 일과 직업은 과거와 다른, 현재보다 혁신적인 모습일 가능성이 크다. '혁신'은 단순히 기술로만 완성되는 것은 아니다. 기술의 고도화는 첨단과학과 디지털 전환을 가져오는 동시에 인간 내면에 대한 이해, 기계와 사람, 혹은 사람과 사람과의 공생과 협응을 더 필요로 한다. 또한 일과 직업은 타인의 삶을 긍정적으로 변화시키는 힘으로 기능할 것이다.

우리는 「다가온 미래, 새로운 직업」을 통해 앞으로 우리의 삶이 어떻게 변할지 구체적으로 상상하는 계기가 될 것이다. 먹고, 입고, 생활하는 일상의 변화에서부터 경계가 허물어지는 교육, 지구의 한계를 극복하는 우주, 데이터와 인공지능의 명암을 들여다보고, 혹여 놓쳤을지 모르는 미래의 퍼즐조각을 맞추며 무엇을 준비해야 할지 혜안을 찾아야 한다.

## 디지털 세상의 미래인재란?

이제 하나의 직업에 수천 명, 수만 명이 종사하던 시대에서 천개의

직업에서 천개의 일자리가 만들어지는 변화가 동반될 것이다. 한편으로 이는 전통적인 직업이 한계에 부딪힐 수 있다는 것을 의미한다. 제품과 서비스에 대한 사람들의 수요와 필요는 더 정교해지고 차별화를 원할 것이며, 이것은 새로운 직업과 일을 가져올 것이다. 트렌드를 빠르게 반영하고 시장의 틈새를 정확히 공략하는 새로운 직업은 일하는 사람의 스펙이나 경력보다 창의력과 아이디어에 바탕한 직업일 가능성이 크다.

비단 미래에는 새로운 직업의 등장만 있는 것은 아니다. 기존 직업에서 단순하고 반복적인 업무는 디지털화되고 사람들은 역량을 높여 전문성과 숙련을 쌓을 것이며, 한편으로 인공지능과 로봇으로 효율적인 업무수행이 가능한 직무에서는 사람의 일손이 더 줄어들 것이다.

물론 제조업의 스마트화, 서비스업의 인공지능화를 비롯해 전 분야에서 디지털화가 가속하는 것은 직무의 변화와 쇠퇴, 일자리의 감소를 가져오는 한편, 많은 일자리의 새로운 직무가 탄생되는 계기도 될 것이다.

산업과 직업에서의 플랫폼화는 사람을 구하고, 일을 찾는 전과정, 일과 관련된 모든 순간을 플랫폼에 공유할 것이다. 기업 입장에서도 새로운 비즈니스를 통해 경쟁력을 확보해야 하고 획일화된 대량생산이 아닌 아이디어와 감성에 기반한 차별화된 상품과 서비스를 만들어내야 고객의 소비를 이끌어낼 것이다. 그 중심에는 고객의 섬세한 요구와

새로운 서비스에 대한 열망을 기술과 잘 융합하여 뉴비즈니스에
연결하고 기회를 포착할 수 있는 '인재'에 대한 목마름이 함께 존재한다.
이는 자연스럽게 미래인재는 어떤 역량을 가져야하는지에 대한
관심과도 직결된다.

## 꼭 필요한 미래역량, 디지털 문해력

이제 어느 특정 산업 분야나 직업의 직무를 집어 말하지 않더라도
정도의 차이만 있을 뿐 디지털 정보로부터 자유로울 수 없다. 디지털
문해력Digital Literacy은 ICT기기의 활용 및 디지털 정보를 이해하는
역량으로 전산업, 전직업에 걸쳐 광범위하게 요구되는 능력이기도
하다. 디지털 문해력에는 정보를 이해하는 능력뿐만 아니라 새롭게
생성하거나 수많은 정보 중에 옥석을 가져낼 수 있는 판별력, 많은
이들과 의미있게 공유하고 확산하는 능력, 그리고 정보를 활용하는
동안 철저히 보호되어야 할 정보를 지키는 보안능력 등 이른바 '디지털
정보활용 역량'이 포함된다. 그리고 '디지털 포용역량'을 통해 기술변화를
받아들이고 지속적인 자기개발을 하는 노력이 포함된다.

또한 비대면으로 정보가 공유되는 과정에서 다른 사람과
유기적으로 네트워크를 잘 형성하고 타인을 존중하고 배려하는 자세
역시 더욱 중요해질 것이다. 즉 '디지털 문해력'은 단순히 정보의 활용,
이해를 넘어 '디지털 숙련'을 높이는 것을 의미한다.

## 복잡한 미래 환경엔 문제해결능력이 경쟁력

기술발전, 사회변화에 대한 커지는 불확실성은 문제해결능력을 갖춘
인재의 필요성이 커지고 있음을 의미하기도 한다. 어떠한 위기도
발생하지 않고 순탄하게 기업이 운영되거나 직무가 수행된다면 좋겠지만
예상치 못한 사건사고는 돌발할 수 있다. 문제가 발생하였을 때
창조적이면서도 논리적 사고로 원만한 해결점을 찾는 역량이 필요하며
위기상황이 임박했거나 피해를 보는 중에도 침착하게 문제를 인지하고
극복해가는 역량이 곧 기업과 개인의 경쟁력이 될 수 있다.

　　　이러한 문제해결역량은 그 이전의 직업환경에서도 필요한
역량이었다. 다만, 과거에는 정해진 매뉴얼과 순서에 따라
문제해결과정이 정해져 있었고, 그 과정과 원칙만 지킨다면 해결가능한
과제였으며 발생 문제 역시 어느정도 예상되는 것이었다. 하지만
미래환경에서는 어떠한 위기가 도래할지 미지수이며, 그 파급력을
예단할 수 없고, 문제를 해결해 나가는 과정에서도 윤리와 사회적 가치
등을 함께 고려하는 등 복잡할 수 있다.


## 즐기면서 일해야 행복한 인간

미래사회는 도구의 인간인 '호모 파베르Homo Faber'와 놀이의 인간인
'호모 루덴스Homo Ludens'가 공존하는 '호모 파덴스Homo Fadens'가
이끌게 될 것이다. 즉 일과 직업도 경제활동수단으로서의 가치뿐만

아니라 즐기고 재미를 느껴야 생산성과 효율성이 오르고 개인도 더
행복해질 수 있다. 미래를 이끌 청년들은 더 이상 기성세대가 가졌던 직업
가치관을 그대로 답습하지 않을 것이며 만족감, 성취감, 그리고 행복감을
주는 일 여부가 무척 중요한 직업 선택의 기준이 될 가능성이 크다.

　　　개인 차원에서도 일과 여가의 비율을 조화롭게 채우고 삶의
주인공으로서 스스로 가치를 높일 수 있는 역량이 필요하다. 이제
'일자리'의 시대에서 '일거리'의 시대로 작은 아이디어 하나, 서비스
하나가 직업으로 인정받는 시대가 됨으로써 남들과 다른 독창적이고
차별화된 일은 채움과 비움을 적절히 조절하고 내가 좋아하는 일, 내가
잘하는 일을 연계할 수 있는 사람에게 더 많은 기회가 올 것이다.

## 더 강조되는 평생학습

즐겁게 일하면서도 남들과 차별화를 이뤄야 하고, 그러면서도 디지털
지식과 기술에 대한 역량도 갖추려면 끊임없는 자기혁신 노력이
동반되어야 한다. 자기혁신역량은 변화하는 환경에 대한 대응력을
높이고, 직무변화를 반영한 전문지식 습득, 고숙련 기술에 대한 재교육,
재훈련에 적극적으로 참여하는 능력이다. 디지털화로 기존 직업에서의
직무변화도 불가피하므로 직무의 전환과 직무 수준의 업그레이드를 위해
'평생학습'을 위한 노력도 동반해야 한다. 평생직장, 평생직업의 시대를
넘어 이제 평생학습의 시대가 되었다. 능동적이고 열린 자세로 배우고

일에 적용하는 학습 민첩성이 필요하다.

## 사람과의 공감과 소통은 더 중요해진다

아무리 기술이 발전하고 일의 겉모습이 변한다고 하더라도 결국 그 중심에는 사람이 있다. 더욱이 코로나19 등의 영향으로 비대면 상황에서 근무하고 소통하는 일은 더욱 많아지고 앞으로도 조직의 형태는 계속 변형될 것이다. 어디에서 언제 누구와 일하느냐는 더 이상 중요하지 않다. 같은 사무실에서 같이 출퇴근을 하는 동료라고 해서 예전처럼의 소속감이나 유대감, 동질감을 느끼는 것도 아니다.

하지만 그럴수록 사람의 마음을 읽고 공감하는 역량은 더 필요하며, 사람들과 원만한 협조관계를 유지하고 동기 극대화를 위해 의사소통을 원활히 할 수 있는 '대인관계역량'이 여전히 중요하다. 플랫폼 일자리, 비대면 업무환경 증가 등 일하는 방식의 변화, 고용형태의 변화가 가속되는 사회에서는 '랜선 신뢰감'이 더 중요해질 수 있다.

또한 전에 없던 기술의 등장과 적용확대는 자칫 '기술'이 만능이자 모든 것을 결정하는 것으로 보일 수 있으나, 그 기술 역시 사람의 감성과 행동이 더해질 때 더 빛을 발할 수 있다는 것을 기억해두자.

한국고용정보원 미래직업연구팀장

최 영 순

청소년이 꼭 알아야 할

# 다가온 미래
## 새로운 직업

초판 1쇄 발행  2022년 2월 17일
2쇄 발행  2022년 4월 21일

**지은이**   한국고용정보원 미래직업연구팀
이 랑 · 최영순 · 박상현 · 김동규 · 최화영 · 이은수 · 윤미희
**펴낸이**   김말주
**자문위원**  이정희
**편집장**   정수정
**책임편집**  김경실
**디자인**   전윤신 @thepage_works

**펴낸곳**   드림리치
**등록일자**  2014년 6월 30일
**신고번호**  제 2014-000183
**주소**    서울 서초구 서초중앙로 18, 309호
**대표전화**  t. 02-545-7058  f. 02-757-4306

ISBN  979-11-953182-1-6 43190
KRW  16,800